> 쓸수록 마음이
> 편해지는
> 한 줄 필사
>
> **채근담**

오늘, 고전 한 줄에 기대다

지은이 김시현

필사를 하다가 작가가 되었다. 시작한 지 17년이 되었지만, 여전히 필사의 새로운 매력을 발견하며 매일 필사를 하고 있다. 유튜브와 책으로 필사의 매력을 알리고 있다. 혼자 하는 필사보다 여럿이 같이 하는 필사를 좋아한다. 저서로는 『하루 한 줄 인생명언 365』, 『회복탄력성』, 『필사, 쓰는 대로 인생이 된다』, 『멘탈 트레이닝』 등이 있다.

유튜브 https://www.youtube.com/@김시현-j9v
카페 https://cafe.naver.com/kimsihyun
블로그 https://blog.naver.com/kimsihyun2377

쓸수록 마음이 편해지는 한 줄 필사
오늘, 고전 한 줄에 기대다

ⓒ김시현 2025

초판 1쇄 발행 : 2025년 11월 25일

지 은 이 : 김시현
펴 낸 이 : 유혜규
디 자 인 : 김연옥

펴낸곳 : 지와수
주소 : 서울 서초구 잠원동 35-29 대광빌딩 302호
전화 : 02-584-8489 팩스 : 0505-115-8489
전자우편 : nasanaha@naver.com
출판등록 : 2002-383호
지와수 블로그 : http://jiandsoobook.co.kr

ISBN 978-89-97947-51-5(03150)

* 책값은 뒤표지에 있습니다. 잘못된 책은 바꿔드립니다.
* 이 책의 전부 또는 일부 내용을 재사용하려면 반드시 사전에
  저작권자와 지와수 양측의 서면 동의를 받아야 합니다.

| 쓸수록 마음이 |
| 편해지는 |
| 한 줄 필사 |
| **채근담** |

김시현 지음

오늘, 고전 한 줄에 기대다

프롤로그

삶의 버팀목이 되어준 채근담

17년간 필사를 하며 가장 추천하고 싶은 책을 묻는다면, 주저 없이 『채근담』이라 답할 것입니다. 눈으로 읽을 때도 좋았지만, 손으로 옮겨 쓸 때 이 책은 전혀 다른 얼굴이 드러납니다. 이것이 채근담을 필사하는 묘미였습니다. 짙은 안개 속에서 한 치 앞도 보이지 않던 시절, 채근담은 삶의 버팀목이 되어주었습니다. 3년 동안 이 책을 가방에 넣고 다녔습니다. 채근담이 곁에 있으면 그 어떤 어려움도 이겨낼 수 있을 것 같았습니다.

채근담은 고통을 대하는 태도를 근본적으로 바꾸어 놓았습니다. 어려움의 의미를 재해석하게 하고, 상대적 가치관에서 벗어나게 해 주었습니다. 역경 속에서 기회를 발견하게 하고, 마음의 중심을 잡는 법을 알려주었습니다. 가장 중요한 것은 채근담은 완벽함을 요구하지 않았다는 것입니다. 완벽함을 요구하지 않았기에 용기를 내어 그토록 꿈꿔왔던 전업작가의 길을 걸었고, 10년이 넘는 세월을 사랑하는 일을 업으로 삼고 있습니다.

채근담을 천천히 필사하면서 끝없는 비교에서 벗어날 수 있는 담대한 마음이 생겼습니다. 즉각적 해결을 요구하는 시대에 기다려도 된다고 말해주어 큰 힘이 되었습니다. 통제 불능의 속도 만능시대에 내면의 주권을 찾을 수 있었습니다. 채근담은 외부의 변화에 흔들리지 않는 마음의 중심을 세우라고 때론 엄하게 꾸짖기도 하고, 때론 따뜻하게 다독여 주었습니다.

채근담은 성공했을 때보다 실패했을 때, 높은 곳에 있을 때보다 낮은 곳에 있을 때 비로소 마음으로 이해하게 됩니다. 필사를 하면서 깨달은 것이 있습니다. 책을 눈으로 읽을 때는 머리로만 이해합니다. 하지만 한 글자씩 천천히 손으로 쓸 때는 마음으로 받아들이게 됩니다. 채근담은 눈으로 읽을 때와 손으로 쓸 때 전혀 다른 울림을 줍니다. 손끝에서 먹물이 종이에 스며들듯, 문장의 의미가 천천히 스며듭니다. 필사는 손끝에서 시작해 마음으로 이어지는 수행이었습니다.

지금도 어려운 순간이 오면 마음을 다잡기 위해 채근담을 펼칩니다. 펜을 들어 채근담의 문장을 필사합니다. 이 시간만큼은 풍파와 소란에서 벗어나 고요 속에 머뭅니다. 채근담은 인생의 굽이굽이마다 약이 되어 주고, 답답한 마음을 정화시켜주었습니다. 오랜만에 필사해도 마음에 와 닿는 구절이 새록새록 변화하는 책입니다. 고전으로 수백 년 동안 살아남은 책의 특징은 독자의 성장을 알아볼 수 있게 한다는 점입니다.

삶은 예측할 수가 없습니다. 순조롭게 나아가던 길이 어느 순간 막다른 골목이 되기도 하고, 절망의 끝에서 예상치 못한 기회가 찾아오기도 합니다. 성공했다고 자만하는 순간 추락하고, 바닥이라고 생각한 곳에서 다시 일어서기도 합니다. 인생에서 마주할 수밖에 없는 예상하지 못한 일을 어떻게 받아들이고 대처해야 할지 몰라서 당황했을 때 채근담은 최고의 길잡이이자 등불이 되어 줄 것입니다.

김 시 현

차례

프롤로그_ 삶의 버팀목이 되어준 채근담   4

채근담이란 어떤 책인가_ 번잡한 세상 속, 마음을 찾는 한 권의 고전   12

마음으로 쓰기_ 그저 마음 가는 대로   16

채근담을 필사하는 이유_ 가장 느린 방식으로 가장 깊은 치유를 선물합니다   132

1부 ● 다시, 내 안의 빛을 깨우는 시간

01	요동치는 세상 속 고요한 중심	20
02	진짜 지혜는 나를 아는 데서 시작한다	22
03	나의 기준으로 사는 삶	24
04	성공도, 실패도 지나간다	26
05	복잡한 세상에서 나를 지키는 법	28
06	남의 실수를 성장의 거울로 삼는 법	30
07	욕심을 놓는 순간, 마음은 가장 부유해진다	32
08	소란은 내 마음의 파동이다	34
09	결과가 아닌 마음을 다스리는 힘	36

10	붙잡지 않을 때 비로소 자유롭다	38
11	인생의 기적, '지금'을 살아내는 용기	40
12	인정받지 않아도 아름다운 존재	42
13	바쁘지 않아야 비로소 삶의 주인이 된다	44
14	의심과 기대를 버린 마음의 안정	46
15	세련됨보다는 진심이 낫다	48
16	정직한 비판은 칭찬보다 귀하다	50
17	한 걸음 뒤로 물러서면 전체가 보인다	52
18	자연스러울 때, 마음은 가장 자유롭다	54

2부 ● 사람 사이에서 마음을 잃지 않는 법

19	타인의 눈과 마음으로 세상을 보다	58
20	감정의 온도를 다스리는 법	60
21	계산하지 않는 관계의 힘	62
22	타인을 향한 원망은 자신을 향한 화살이다	64
23	작은 정성이 오래가는 이유	66
24	첫인상을 믿기 전에 두 번째 기회를 주어야 한다	68
25	덕은 외롭지 않고 반드시 이웃이 있다	70
26	시련 속에서 드러나는 진실	72
27	좁은 길에서도 두 사람이 함께 갈 수 있다	74
28	작은 잘못을 용서해야 관계가 깊어진다	76
29	불완전한 사람들과 어울려 사는 지혜	78
30	작은 선행이 큰 향기로 남는다	80

31	이익을 넘어선 관계의 소중함	82
32	차가운 눈, 따뜻한 지혜	84
33	따뜻한 이해가 선한 본성을 이끈다	86
34	참된 것은 이름을 드러내지 않는다	88
35	칭찬에도 비난에도 흔들리지 않는 마음	90
36	자신과 타인을 직시하는 용기	92

3부 ● 자연의 시간에 나를 맡기다

37	그냥 바라보는 연습	96
38	속세를 벗어난 자유로운 영혼	98
39	머무르지 않아야 온전히 누린다.	100
40	고요 속의 깊이	102
41	자연이 열어주는 마음의 문	104
42	정적 속에서 삶이 깨어나다	106
43	뿌리를 잊지 않는 마음	108
44	마음이 구름처럼 자유로울 때	110
45	작은 집과 흐르는 물, 그것으로 충분하다	112
46	강물이 바위를 피해가는 이유	114
47	담백함 속의 평온	116
48	열흘 붉은 꽃이 없다	118
49	자리를 넘어 마음을 지키다	120
50	헛된 꿈을 깨우고 참된 나를 만나다	122
51	마음이 원하는 순간에 멈추는 지혜	124

52 고요 속 사색, 깨달음에 닿다   126
53 구름을 보며 마음을 비우다   128
54 광활한 자연 속에서 평온을 찾다   130

4부 • 두려움에 머물지 않고 용기를 내고 싶을 때

55 인생의 봄은 반드시 온다   136
56 당신은 지금 성장 중이다   138
57 두려움 안에는 용기도 함께 있다   140
58 잘 될 때 멈추고, 안 될 때 견뎌라   142
59 힘들 때 초심으로 돌아가야 하는 이유   144
60 고난은 숨은 힘을 드러낸다   146
61 바람이 거셀수록 연은 더 높이 난다   148
62 마음이 열리면 길도 열린다   150
63 부드러움은 강함을 이긴다   152
64 가장 큰 적은 언제나 내 안에 있다   154
65 덧없는 구름을 쫓지 않는 지혜   156
66 통찰이 두려움을 이긴다   158
67 마음이 평온하면 무서울 게 없다   160
68 작은 일에도 바름을 지키는 것이 진짜 용기   162
69 처음은 언제나 어렵다   164
70 두려운 이 순간을 사랑하는 법   166
71 뜻이 하나일 때, 운명을 이긴다   168
72 끝없는 갈등에서 벗어나 삶의 주인 되기   170

5부 • 마음의 폭풍 속에서도 고요를 품다

73	얻으려 하지 않으니 잃을 게 없다	174
74	운명을 가르는 찰나의 생각	176
75	비움이 이끄는 삶의 여유	178
76	뜨거움이 지나면, 평온이 피어난다	180
77	한 발 물러서는 순간의 지혜	182
78	욕심을 비우고, 내 속도로 걷다	184
79	탐욕이 지혜를 삼킬 때	186
80	마음이 고요할 때 비로소 보이는 것들	188
81	상황에 맞게 마음을 다스리는 지혜	190
82	자유와 책임은 동전의 양면이다	192
83	소란 속의 고요, 내면으로의 귀환	194
84	구분을 내려놓으면 삶이 온전해진다	196
85	보는 것을 넘어, 본질을 탐구하는 눈	198
86	살기 위해 애쓸수록, 삶은 멀어진다	200
87	진리는 복잡한 옷을 입지 않는다	202
88	책을 통해 내면을 본다	204

에필로그_ 나를 지키는 방법, 채근담 필사가 시작입니다 　　206

채근담은 어떤 책인가

번잡한 세상 속,
마음을 찾는 한 권의 고전

채근담(菜根譚)은 명나라 말기 홍자성(洪自誠)이 쓴 처세와 수양에 관한 책입니다. 제목인 '채근담'은 '나물 뿌리를 씹는 이야기'라는 뜻으로, "사람이 나물 뿌리를 씹을 수 있다면 모든 일을 이룰 수 있다"는 송나라 학자 왕신민의 말에서 유래했습니다.

저자인 홍자성은 1550년경 출생했습니다. 그는 실력이 출중했지만 시대를 잘못 타고 태어나 자신의 뜻을 펼치지 못했습니다. 큰 뜻을 품고 포부가 당찬 인물이었지만 환경이 그를 허락하지 않았습니다. 명나라가 쇠퇴하는 시기에 당쟁은 극심해졌고 환관들의 전횡이 얽히면서 유능한 인재들은 숙청되고 부패가 만연했습니다.

이 뛰어난 인물에게 시대적 상황은 궁핍하고 가난한 삶을 안겨 주었습니다. 그래서 홍자성은 자신의 삶을 원망했을까요? 실력을 펼치지 못한 시대를 탓했을까요? 그는 남다른 선택을 합니다. 삶의 모진 쓴 맛을 겪었지만 인생의 밑바닥을 경험한 자의 깨달음을 글로 남깁니다.

난세에 영웅이 나타나듯 홍자성은 난세의 현자로 거듭났습니다. 그는 자신의 불우한 처지를 탓하는 대신, 고난을 통해 얻은 깨달음을 승화시켰습니다. 가난과 좌절 속에서도 그는 인간 본연의 가치와 삶의 본질을 꿰뚫어 보았습니다.

홍자성은 권력의 중심에서 멀어졌기에 오히려 세상을 더욱 냉철하게 관찰할 수 있었습니다. 부귀영화를 누리는 자들의 허상과 명예에 집착하는 이들의 어리석음을 객관적으로 바라볼 수 있었던 것입니다. 진정한 부는 마음의 풍요로움에 있으며, 참된 성공은 내면의 평화를 지키는 데 있다고 깨달았습니다.

이러한 깨달음은 『채근담』 곳곳에 녹아들어 있습니다. '채소 뿌리를 씹는 담백한 맛'이라는 책 제목처럼, 검소하고 소박한 삶 속에서 발견한 진리를 담담하게 풀어냈습니다. 화려함보다 소박함을, 욕심보다 만족을, 집착보다 내려놓음을 강조했습니다. 홍자성은 자신의 불운을 원망의 씨앗이 아닌 지혜의 거름으로 삼았던 것입니다.

채근담이 다루는 주제는 방대합니다. 수양과 처세, 인간관계, 부귀와 빈천, 득실과 화복, 시간의 흐름, 자연과 인간. 삶의 모든 국면에 대한 통찰이 담겨 있습니다. 그러면서도 관념적이거나 추상적이지 않습니다. 일상의 구체적인 상황 속에서 어떻게 행동하고 마음가짐을 가져야 하는지 실질적인 지침을 제시합니다.

채근담의 문장에는 삶을 관통하는 묵직한 철학이 담겨 있습니다. '고요할 때 마음을 지키기는 쉬우나, 시끄러울 때 마음을 지키기는 어렵다', '타인이 나를 속여도 나 자신만은 속이지 마라'와 같은 구절은 수백 년을 거쳐 왔지만 여전히 유효합니다. 성공과 효율, 성과를 강조하는 현대인에게 채근담은 진짜 중요한 것을 돌아보라고 합니다.

채근담은 절망을 위로하지 않습니다. 절망을 뚫고 나갈 관점을 건넵니다. 현실의 모순에서 눈을 돌리라 하지 않습니다. 혼탁함 속에서 마음을 곧게 세우고, 때로는 한 걸음 물러남으로써 더 넓은 길을 발견하는 지혜로 안내합니다. 채근담은 삶의 위기 앞에서 꺼내 드는 정신적 무기이자 흔들리는 마음을 바로 세우는 수양서입니다.

채근담은 하나하나가 독립된 문장이면서도, 전체를 관통하는 일관된 철학이 흐르고 있습니다. 유교의 수기치인(修己治人), 불교의 해탈과 자비, 도교의 무위자연(無爲自然)이 절묘하게 융합되어 있습니다. 종교나 사상의 경계를 넘어서 인간으로서 어떻게 살아야 하는가에 대한 보편적 지혜를 담고 있습니다. 세상은 끊임없이 변해도, 변하지 않는 진리가 있습니다.

채근담은 400년이 지난 지금도 내면의 고요함을 찾고, 세상과의 관계 속에서 균형을 잡도록 돕는 '마음의 양식'으로 살아 숨을 쉽니다. 삶이 버거울 때, 얽힌 인간관계 속에서 헤맬 때, 채근담은 나물 뿌리처럼 소박하지만 씹을수록 진한 생명력을 느끼게 합니다. 실천적 지혜와 통섭적 관점에서 동양철학의 정수라고 할 만큼 독보적인 고전입니다.

마음으로 쓰기

그저 마음 가는 대로

고전의 문장은 꼭 따라 쓰지 않아도 괜찮습니다.
눈으로 읽고 마음에 새기는 것, 그것도 필사입니다.

손이 움직이면 좋고, 그냥 바라보기만 해도 충분합니다.
마음이 멈춘 한 줄이 있다면
그 문장의 제목이나 해석만 써도 좋습니다.

혹은 그 문장을 보며 떠오른 당신의 이야기를 적어도 됩니다.
그 순간, 오래된 문장은 당신의 오늘로 이어집니다.

필사는 흉내 내는 일이 아니라
지금의 나를 만나는 일입니다.

"쓰는 방법은 다 달라도, 마음을 담는 일은 같습니다"

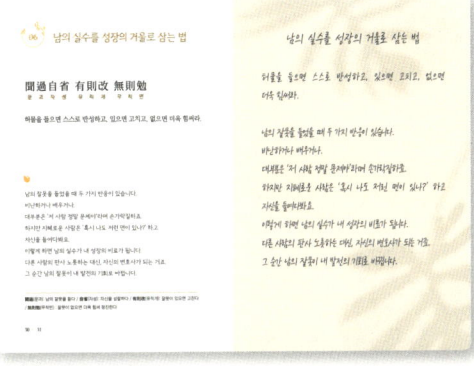

"눈으로 쓰고,
마음으로
새깁니다."

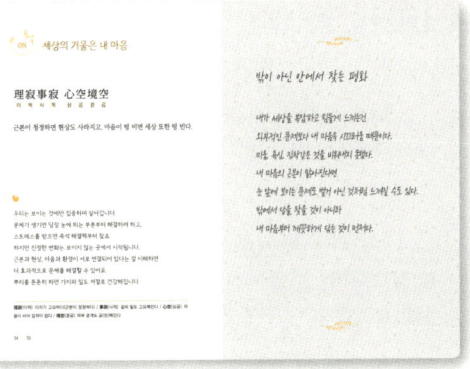

"한 줄의 고전이
내 생각을 쓰게
합니다."

"한 글자 한 글자,
옛 문장의 결을
따라 써봅니다."

남을 아는 것은 지혜요
자신을 아는 것은 밝음이다

천 명을 꿰뚫어 봐도
내 마음 한 뼘을 모르면
그저 어둠 속을 헤매는 것

타인의 허물은
눈에 잘 보이지만

내 안의 그림자는
애써 외면하고 싶어진다

세상을 비추는 지혜보다
나를 비추는 밝음이 더 어렵다

거울은 남을 비추지만
등불은 자신을 밝힌다

1

다시, 내 안의 빛을 깨우는 시간

 ## 요동치는 세상 속 고요한 중심

無事提防 有事鎭定
무 사 제 방 유 사 진 정

평온할 때도 위기를 대비하고, 위기일 때도 평온한 듯 침착하라.

모든 게 순조로울 때 사람들은 방심하고,
위기가 닥치면 공황에 빠지죠.
진짜 강한 사람은 정반대입니다.
좋을 때 교만하지 않고, 나쁠 때 절망하지 않습니다.
세상이 요동쳐도 내 마음의 중심은 흔들리지 않는 사람이
인생의 승리자입니다.
감정의 파도에 휩쓸리지 않고
자신만의 리듬을 지키는 것이 진짜 실력입니다.

無事(무사): 일이 없음 / **提防**(제방): 대비하다 / **有事**(유사): 일이 있음 / **鎭定**(진정): 진정하고 침착함

 ## 진짜 지혜는 나를 아는 데서 시작한다

知人者智 自知者明
지 인 자 지   자 지 자 명

남을 아는 사람은 지혜롭고, 자신을 아는 사람은 밝다.

다른 사람을 이해하는 것은 귀한 능력이지만,
나를 이해하는 것은 더 깊은 선물입니다.
친구들의 성격과 습관은 잘 파악하면서도,
정작 나에 대해서는 모르는 경우가 많아요.
나를 알아가는 과정은 때로 힘들지만, 그만큼 아름다운 여행이에요.
남을 아는 사람은 관계를 잘 맺지만,
나를 아는 사람은 진정한 평화를 찾게 됩니다.

知人(지인): 남을 앎 / **者**(지): 사람 / **智**(지): 지혜 / **自知**(자지): 자신을 앎 / **明**(명): 밝음, 깨달음

03 나의 기준으로 사는 삶

花水自知 會心獨賞
화 수 자 지 회 심 독 상

꽃과 물은 서로 말하지 않아도 알고, 마음이 통하는 사람은 혼자서도 그 아름다움을 즐긴다.

내면의 깊은 깨달음과 즐거움이 있다면
다른 사람에게 굳이 인정받지 않아도 됩니다.
인정받으려고 남들에게 맞추다 보면 그 끝이 없다는 걸 알게 됩니다.
타인의 인정이라는 덧없는 족쇄를 끊어낼 때,
비로소 삶은 온전한 나만의 것이 됩니다.
나의 깊이를 아는 이는 나뿐이며,
그 깨달음만으로도 세상은 충분히 아름답습니다.

花(화): 꽃 / **水**(수): 물 / **自知**(자지) : 스스로 알다 / **會**(회): 이해하다, 공감하다 / **心**(심): 마음 / **獨賞**(독상): 홀로 감상하다

 ## 성공도, 실패도 지나간다

得意淡然 失意泰然
득 의 담 연 실 의 태 연

뜻대로 될 때는 담담히 즐기고, 뜻대로 안 될 때는 태연히 받아들여라.

성공이란 무엇일까요?
우리가 성공이라고 부르는 순간들은
실상 끝없는 변화의 흐름 속 한 점에 불과합니다.
그 찰나에 집착하는 것은 물방울을 붙잡으려는 것과 같습니다.
실패 역시 마찬가지입니다.
그것은 종착점이 아니라 흐름의 굽이일 뿐입니다.
담담함과 태연함은 이 모든 현상이
덧없는 환상임을 꿰뚫어 보는 지혜에서 나옵니다.

得意(득의): 뜻대로 됨 / **淡然**(담연): 담담하다 / **失意**(실의): 뜻대로 안 됨 / **泰然**(태연): 태연하다

 ## 05 복잡한 세상에서 나를 지키는 법

心淸身潔 精神自守
심 청 신 결 정 신 자 수

마음이 맑고 몸이 단정해야, 스스로 중심을 잡고 흔들리지 않는다.

마음이 깨끗하면 평범한 일상도 소중해져요.
몸을 깨끗이 한다는 건 단순히 씻는다는 의미가 아니라
몸에 좋지 않은 것들을 멀리하고, 건강한 습관을 지키는 거죠.
복잡한 세상 속에서 나를 지키는 가장 확실한 방법은 안에 있어요.
마음 청결, 몸 청결.
이것만으로도 충분해요.

心淸(심청): 마음이 맑다 / **身潔**(신결): 몸이 깨끗하다 / **精神**(정신): 마음 / **自守**(자수): 스스로 지킨다

06 남의 실수를 성장의 거울로 삼는 법

聞過自省 有則改 無則勉
문 과 자 성 유 즉 개 무 즉 면

허물을 들으면 스스로 반성하고, 있으면 고치고, 없으면 더욱 힘써라.

남의 잘못을 들었을 때 두 가지 반응이 있습니다.
비난하거나 배우거나.
대부분은 '저 사람 정말 문제야'라며 손가락질하죠.
하지만 지혜로운 사람은 '혹시 나도 저런 면이 있나?' 하고
자신을 들여다봐요.
이렇게 하면 남의 실수가 내 성장의 비료가 됩니다.
다른 사람의 판사 노릇하는 대신, 자신의 변호사가 되는 거죠.
그 순간 남의 잘못이 내 발전의 기회로 바뀝니다.

聞過(문과): 남의 잘못을 듣다 / **自省**(자성): 자신을 성찰하다 / **有則改**(유즉개): 잘못이 있으면 고친다 / **無則勉**(무즉면) : 잘못이 없으면 더욱 힘써 정진한다

 ## 07 욕심을 놓는 순간, 마음은 가장 부유해진다

知足常樂 無求自高
지 족 상 락 무 구 자 고

만족할 줄 알면 마음이 늘 즐겁고, 욕심이 없으면 인격이 저절로 높아진다.

더 큰 집, 더 좋은 차, 더 높은 지위를 원하는 순간
현재의 모든 것이 초라해 보이죠.
아무리 많이 가져도 늘 부족하고,
아무리 높이 올라가도 만족하지 못합니다.
진정한 부자는 많이 가진 사람이 아니라
더 이상 속된 욕망이 없는 사람입니다.
구하지 않는 순간 비로소 자유로워집니다.

知足(지족): 만족을 앎 / **常樂**(상락): 항상 즐겁다 / **無求**(무구): 구함이 없음 / **自高**(자고): 저절로 높다.

08 소란은 내 마음의 파동이다

理寂事寂 心空境空
이 적 사 적 심 공 경 공

근본이 청정하면 현상도 사라지고, 마음이 텅 비면 세상 또한 텅 빈다.

우리는 얼마나 많은 것들로 마음을 채우며 살아가고 있을까요.
해야 할 일, 이루어야 할 목표, 풀어야 할 문제들.
그런데 문득 멈춰 서면 알게 됩니다.
모든 소란이 실은 내 마음이 만들어낸 파동이었다는 걸.
세상을 있는 그대로 받아들이고,
억지로 의미를 부여하지 않으면
신기하게도 복잡했던 일들이 저절로 정리됩니다.
마치 흐린 물이 가만히 두면 맑아지듯이 말이죠.

理寂(이적): 이치가 고요하다(근본이 청정하다) / **事寂**(사적): 겉의 일도 고요해진다 / **心空**(심공): 마음이 비어 집착이 없다 / **境空**(경공): 외부 경계도 공(空)해진다

09 결과가 아닌 마음을 다스리는 힘

性躁無成 心和自福
성 조 무 성   심 화 자 복

성급한 성품은 아무 것도 이루지 못하고, 마음이 화평하면 복이 저절로 따른다.

조급한 사람은 아무것도 이루지 못해요.
빨리 결과를 보고 싶어서 이것저것 손대지만,
정작 끝까지 해내는 게 없죠.
마음이 평온한 사람은 급하게 서두르지 않고,
차근차근 자기 길을 가요.
우리가 통제할 수 있는 건 결과가 아니라 마음가짐이에요.
조급함을 내려놓고, 마음을 평온하게 유지해 보세요.
그 길 끝에 원하던 것들이 기다리고 있을 거예요.

性躁(성조): 성품이 급하다 / **無成**(무성): 이루지 못함 / **心和**(심화): 마음이 평화롭다 / **自福**(자복): 스스로 복이 생긴다

# 10 붙잡지 않을 때 비로소 자유롭다

轉物逍遙 役物纏縛
전 물 소 요 역 물 전 박

사물을 다스리면 자유롭고, 사물에 끌리면 얽매인다.

손에 쥐고 있으되 언제든 놓을 수 있다면 그것은 자유입니다.
놓을 수 없다면, 아무리 많이 가져도 그것은 속박입니다.
역설적이게도 우리는 무언가를 소유함으로써 자유로워지려 하지만,
그 순간 소유물이 우리를 지배합니다.
자유와 속박의 차이는 소유가 아니라 집착의 유무에 있습니다.
물건은 도구일 뿐, 존재의 이유가 될 수 없습니다.

轉物(전물): 사물을 거스르는 경지 / **逍遙**(소요): 속박없이 거닐다 / **役物**(역물): 사물의 지배를 받는 것 / **纏縛**(전박): 얽어매고 묶는다

인생의 기적, '지금'을 살아내는 용기

難得此身 勿虛今樂
난 득 차 신 물 허 금 락

이 몸은 다시 얻을 수 없으니, 지금 누리는 즐거움을 헛되이 하지 마라.

무수한 인연이 교차하고,
셀 수 없는 순간들이 겹쳐져 내가 존재합니다.
과거의 모든 우연이 필연이 되어 만들어낸 기적,
그것이 내가 가진 몸입니다.
이 귀한 몸으로 무엇을 하고 있나요?
오지 않은 내일을 걱정하고,
지나간 어제를 후회하며 정작 지금 이 순간을 놓칩니다.
찰나의 연속이 곧 인생이라면,
매 순간을 헛되이 보내지 않는 것이 깨어있는 삶입니다.

難得(난득): 얻기가 어렵다 / **此身**(차신): 이 몸, 현재의 나 자신 / **勿虛**(물허): 낭비하지 마라 / **今樂**(금락): 현재의 행복

12 인정받지 않아도 아름다운 존재

野花不求人賞 自有一段香風
야 화 불 구 인 상   자 유 일 단 향 풍

들꽃은 누가 알아주기를 바라지 않아도, 저절로 향기를 풍긴다.

들꽃은 누가 봐주지 않아도 향기를 내고,
박수 받지 못해도 아름답게 핍니다.
우리는 언제부터 다른 사람의 인정 없이는
존재 가치를 느끼지 못하게 됐을까요?
좋아요 개수, 조회 수로 내 가치를 측정하게 됐죠.
진정한 아름다움은 자연스럽게, 순수하게 자신이 될 때 나오는 것.
들꽃처럼 누구를 의식하지 않고도 나 다울 수 있다면,
자체로 이미 완전한 존재입니다.

野花(야화): 들꽃 / **不求**(불구): 구하지 않다 / **人賞**(인상): 다른 사람의 칭찬이나 인정 / **自有**(자유): 스스로 지니고 있음 / **一段**(일단): 한 줄기 / **香風**(향풍): 향기로운 바람

 ## 13 바쁘지 않아야 비로소
삶의 주인이 된다

靜者爲主 閒者操權
정 자 위 주 한 자 조 권

고요한 사람이 삶의 주인이 되고, 한가로운 사람이 진정한 권력을 잡는다.

힘의 본질은 외부가 아니라 내면의 질서에 있습니다.
진정한 통제는 바깥을 움직이는 힘이 아니라,
스스로를 다스리는 고요에서 비롯됩니다.
마음이 고요할 때 비로소 사물의 본질이 드러나고,
여유로운 자만이 그 변화의 흐름을 읽어낼 수 있지요.
고요함은 멈춤이 아니라 통찰의 깊이이며,
한가함은 게으름이 아니라 여백의 지혜입니다.

靜者(정자): 고요한 사람 / **爲主**(위주): 주인이 되다 / **閒者**(한자): 한가한 사람 / **操權**(조권): 권세를 쥐다

 ## 의심과 기대를 버린 마음의 안정

捨疑忘報 心安無失
사 의 망 보 심 안 무 실

의심을 버리고 대가를 바라지 않으면, 마음이 편안해지고 아무것도 잃지 않는다.

무언가를 할 때 '과연 잘될까?' 의심하면 마음이 무거워져요.
확신 없이 시작한 일은 중간에 흔들리기 쉽고,
결국 제대로 이루기 어려워요.
하지만 의심을 버리고 '이게 옳다'는 믿음으로 나아가면 달라져요.
마음이 한곳으로 모이고, 그 힘으로 일을 완성할 수 있어요.
의심과 기대를 내려놓으면 비로소 마음이 안정돼요.
잃을 것도 없고, 후회할 것도 없어요.

捨疑(사의): 의심을 내려놓다 / **忘報**(망보): 보답(응보, 결과)을 잊다 / **心安**(심안): 마음이 편안하다 / **無失**(무실): 잃음이 없다

15 세련됨보다는 진심이 낫다

寧樸魯 勿達練 寧眞狂 勿曲謹
녕박로 물달련 녕진광 물곡근

차라리 꾸밈없는 서툶이 낫지, 억지로 세련될 필요는 없다.

어째서 본질보다 형식을,
내면보다 외양을 더 중요하게 여기게 되었을까요?
매끄럽게 다듬어진 말보다, 거칠지만 울림이 있는 진심이
오히려 사람의 마음을 움직입니다.
겉으로는 점잖아 보여도 속마음이 굽어있다면 그건 참된 품격이 아닙니다.
있는 그대로 진솔함을 지켜가는 것이야말로
자신에게 진실한 삶이 아닐까요.

寧(녕): 차라리 ~~하는 편이 낫다 / 樸魯(박로): 투박하고 꾸밈없는 상태 / 勿(물): ~하지 마라 / 達練
(달련): 매끈하고 노련함 / 眞狂(진광): 꾸밈없는 열정 / 曲謹(곡근): 계산된 신중함

정직한 비판은 칭찬보다 귀하다

小人忌毁 君子責修
소 인 기 훼 군 자 책 수

소인은 외부 평판을 두려워하고, 군자는 내적 수양에 힘쓴다.

나를 소중히 여기는 사람은 쓴 소리를 마다하지 않습니다.
쓴 소리를 두려워한다면
평생 달콤한 소리만 들으며 스스로를 속이며 살아갑니다.
달콤한 소리는 순간의 위로를 주지만,
현실에 안주하게 만들고 거짓된 만족감에 빠뜨립니다.
때로는 불편한 진실도 받아들일 줄 알아야 성장할 수 있습니다.

小人(소인): 덕이 낮고 품격이 부족한 사람 / **忌毁**(기훼): 꺼리거나 헐뜯음 / **君子**(군자): 덕 있는 사람 / **責修**(책수): 책임지고 스스로 닦음

 ## 한 걸음 뒤로 물러서면 전체가 보인다

與其苦心勉強 不若退步自安
여 기 고 심 면 강   불 약 퇴 보 자 안

억지로 애쓰며 힘들게 사는 것보다 한 걸음 물러서 마음 편히 지내는 것이 낫다.

'노력하면 된다'는 말에 너무 익숙해져서
안 되는 것도 억지로 되게 만들려고 합니다.
때로는 포기가 용기이고, 물러남이 지혜예요.
강물이 바위를 만나면 부딪치지 않고 돌아갑니다.
그래도 결국 바다에 도달하죠.
사람도 마찬가지예요.
모든 것을 정면 돌파하려 하지 말고,
때로는 우회하거나 잠시 멈춰도 괜찮습니다.
편안한 마음이 더 멀리 갈 힘을 줍니다.

與其(여기): 차라리 / **苦心**(고심): 마음고생 / **勉強**(면강): 마지못해 하다 / **不若**(불약): ~만 못하다 / **退步**(퇴보): 물러나다 / **自安**(자안): 마음이 편하다

 ## 자연스러울 때 마음은 가장 자유롭다

魚忘水 鳥不知風 超累樂天
어 망 수 조 불 지 풍 초 누 락 천

물고기는 물을 잊고, 새는 바람을 모른다. 속박을 벗어나면 하늘의 즐거움을 누린다.

'가장 소중한 것은 눈에 보이지 않는다'는 어린왕자의 말처럼,
귀한 것들은 너무 가까이 있어서 오히려 보이지 않지요.
오늘 아침 눈을 떠 첫 숨을 들이마시는 순간이
얼마나 경이로운 기적인지 깨닫는다면,
끝없는 욕망 추구의 헛됨과 미움과 질투의 무의미함이
저절로 드러날 것입니다.
행복은 멀리 있는 무엇이 아니라
이미 우리 삶 속에 스며들어 있어요.

魚(어): 물고기 / **忘**(망): 잊다 / **水**(수): 물 / **鳥**(조): 새 / **不**(불): ~하지 않다 / **知風**(지풍): 바람을 알다 / **超**(초): 초월하다, 뛰어넘다 / **累**(누): 묶다, 얽히다 / **樂天**(락천): 자연을 즐기다

너그러운 마음은 봄과 같아
만물을 소생시키고

시기하는 마음은 눈과 같아
모든 것을 얼려버린다

봄바람이 지나간 자리에는
새싹이 돋아나지만

찬 눈이 내린 땅에서는
아무것도 자라지 못한다.

관대함은 따스한 햇살처럼
얼어붙은 관계를 녹이고

질투는 혹한의 서리처럼
피어나던 정마저 시들게 한다.

2

사람 사이에서
마음을 잃지 않는 법

 ## 타인의 눈과 마음으로 세상을 보다

處富知貧 少壯念老
처 부 지 빈 소 장 념 로

부유할 때 가난을 알고, 젊고 강할 때 늙음을 생각하라.

배부른 사람은 배고픈 사람의 마음을 모르고,
청년은 노인의 아픔을 이해하지 못합니다.
서로를 이해하지 못하는 사회는
갈등과 분열로 가득 찰 수밖에 없습니다.
성숙한 사회는 다른 상황에 있는 사람들이
상대방의 입장을 이해하고 배려하며 살아가는 곳입니다.
공감이라는 씨앗이 분열된 세상에 평화의 숲을 만들어냅니다.

處富(처부): 부유한 상태에 처하다 / **知貧**(지빈): 가난을 알다 / **少壯**(소장): 젊고 건강할 때 / **念老**(념로): 늙음을 생각하다

20 감정의 온도를 다스리는 법

親變毋烈 友失毋緩
친 변 무 열 우 실 무 완

가까운 관계가 변해도 감정적으로 폭발하지 말고, 인연이 멀어져도 예의와 정을 잃지 마라.

가까웠던 사람이 멀어질 수 있습니다.
누군가 당신 곁을 떠난다면,
단지 그 사람의 계절이 바뀐 것뿐입니다.
떠나는 이에게는 평화로운 작별을,
함께해야 할 이에게는 성실한 마음을.
이 균형 속에서 우리는 상처받지 않으면서도
새로운 인간관계를 시작할 수 있고,
때로는 고요히 보내줄 수 있습니다.

親變(친변): 가족의 변고 / **毋烈**(무열): 격렬하지 마라 / **友失**(우실): 친구의 잘못 / **毋緩**(무완): 느슨하게 하지 마라

21　계산하지 않는 관계의 힘

交友三分俠氣 氣做人存素心
교 우 삼 분 협 기　기 조 인 존 소 심

사람을 대할 땐 의리를 잃지 말고, 자신을 지킬 땐 순수를 잃지 마라.

친구에게는 계산하지 말고, 자신에게는 순수함을 잃지 마세요.
진짜 친구는 이익 때문이 아니라 의리 때문에 곁에 있는 거예요.
손해를 감수하고라도 지켜주는 마음, 그게 진정한 우정입니다.
아무리 세상에 치여 살아도 마음 한구석엔 순수함을 남겨둬야 해요.
그 순수함이 사라지는 순간, 생존기계가 되어버립니다.
의리와 순수함이 사람을 사람답게 만듭니다.

交友(교우): 친구를 사귐 / **三分**(삼분): 어느 정도 / **俠氣**(협기): 의로움, 의리 / **氣做人**(기조인): 사람으로서의 마음가짐과 품격 / **存素心**(존소심): 순수한 마음을 간직하다

 ## 타인을 향한 원망은 자신을 향한 화살이다

反己成善 尤人招惡
반 기 성 선 우 인 초 악

자기를 돌아보면 선이 열리고, 남을 원망하면 악이 싹튼다.

타인을 향한 원망은 마음속에 독을 키우고,
해결책을 찾는 능력을 마비시킵니다.
자기 성찰은 때로는 고통스럽지만 변화의 출발점이 됩니다.
모든 문제가 내 탓은 아니지만,
자신이 통제할 수 있는 영역에 집중한다면
좌절의 순간은 더 이상 남 탓을 할 이유가 아니라,
나를 성장시킬 기회로 바뀝니다.
전화위복은 환경이 아닌, 스스로 만들어 나가는 길입니다.

反己(반기): 자신을 되돌아 보다 / **成善**(성선): 선을 이룬다 / **尤人**(우인): 남을 탓하다 / **招惡**(초악): 악을 불러오다

23 작은 정성이 오래가는 이유

千金不及一飯恩
천 금 불 급 일 반 은

천 냥의 금도 밥 한 끼의 은혜만 못하다.

호화로운 선물은 부담스럽거나 계산적으로 느껴질 수 있어요.
반면 어려울 때 건넨 따뜻한 밥 한 끼는 평생 잊히지 않아요.
배고플 때 나눠준 김밥 한 줄, 힘들 때 사준 라면 한 그릇.
작은 정성이 마음 깊이 새겨져요. 거기엔 진심이 담겨 있으니까요.
적절한 거리, 적당한 배려는 오래가요. 부담 없이 받을 수 있고,
진심으로 고마워할 수 있어요.

千金(천금): 천냥의 금 / **不及**(불급): ~에 미치지 못하다 / **一飯**(일반): 밥 한끼 / **恩**(은): 은혜

첫인상을 믿기 전에
두 번째 기회를 주어야 한다

不可因人之一言 便生愛憎
불가인인지일언 변생애증

누군가의 말 한마디만 듣고 쉽게 좋아하거나 미워하지 마라.

한 번의 말로 사람을 판단하는 것은
한 장면으로 영화 전체를 평가하는 것과 같습니다.
그 사람이 그날 기분이 나빴거나, 오해가 있었거나,
표현이 서툴렀을 수도 있어요.
사람은 복잡하고 다층적인 존재예요.
시간을 두고 여러 모습을 봐야 비로소 진짜 모습이 보입니다.

不可(불가): 해서는 안된다 / **因人**(인인): 사람에 따라서 / **之一言**(지일언): 한마디 / **便生**(변생): 곧 생겨나다 / **愛憎**(애증): 사랑과 증오

# 25 덕은 외롭지 않고 반드시 이웃이 있다

寬念如春 忌念如雪
관 념 여 춘   기 념 여 설

너그러운 마음은 봄과 같고, 시기하는 마음은 눈(겨울)과 같다.

따뜻하고 너그러운 마음이 봄바람처럼 주변을 살리는 것처럼,
차갑고 각박한 마음은 겨울바람처럼 주변을 시들게 합니다.
사람들이 모이지 않는다고 외로워하기 전에,
먼저 내 안의 마음 밭이 혹독한 겨울은 아닌지 돌아보세요.
마음이 따뜻한 사람 곁에 머물고 싶은 것은 모두의 본능이니까요.

寬念(관념): 너그럽게 생각하다 / **如春**(여춘): 봄과 같다 / **忌念**(기념) : 미워하거나 경계하는 마음 / **如雪**(여설): 눈과 같다

26 시련 속에서 드러나는 진실

歲寒 然後知松柏之後凋也
세 한 연 후 지 송 백 지 후 조 야

추운 계절이 되어야 비로소 소나무와 잣나무가 끝까지 시들지 않음을 알 수 있다.

평상시엔 모든 나무가 푸르고 싱그럽습니다.
하지만 혹독한 겨울이 오면 대부분은 잎을 떨구고 앙상해지죠.
오직 소나무와 잣나무만이 추위를 견디며 푸름을 지킵니다.
사람도 마찬가지입니다.
좋을 땐 누구나 친절해 보이지만, 어려움이 닥치면 진짜 모습이 드러납니다.
고난 속에서도 변하지 않는 신념을 지키고 곁을 지켜주는 사람이
진정한 친구입니다.

歲寒(세한): 추운 계절 / **然後**(연후): 그제서야 / **知**(지): 알다 / **松柏**(송백): 소나무와 잣나무 / **之後凋**(지후조): 마지막에 시듦 / **也**(야): ~이다

좁은 길에서도
두 사람이 함께 갈 수 있다

路讓一步 味減三分
로 양 일 보 미 감 삼 분

길에서 한 걸음 양보하고, 과한 욕심을 부리지 마라.

인간은 결국 서로 기대어 살아가는 존재입니다.
때로는 이기적인 마음이 순간적인 만족을 주는 듯하지만,
그 끝에는 외로움이 찾아오기 마련이죠.
우리는 홀로 서 있는 섬이 아니라,
서로의 온기로 이어진 따뜻한 공동체의 일부입니다.
함께 어울려 살아가는 삶은
나를 더 단단하게 지켜주는 보이지 않는 울타리가 됩니다.

路讓(로양): 길을 양보하다 / **一步**(일보) : 한 걸음 / **味減**(미감): 맛을 덜어 담백하게 하다. 지나친 자극이나 탐욕을 줄이다 / **三分**(삼분): 셋으로 나누다

# 28 작은 잘못을 용서해야 관계가 깊어진다

不責陰舊 養德遠害
불책음구 양덕원해

과거의 잘못을 들추어 비난하지 말고, 덕을 쌓으면 자연히 재앙과 화를 피할 수 있다.

남에게 잘못이 있다면, 나에게도 잘못이 있을 것입니다.
남을 비방하거나 헐뜯기 전에, 나 또한 그렇지 않은지를 비춰본다면,
세 치 혀로 인한 재앙이 달아날 것입니다.
한 번 쏟은 말은 주워 담을 수 없습니다.
남에게 너그럽고 자신에게 엄격하다면 남의 허물이 안쓰럽게 보입니다.
남의 허물을 덮어주는 관용이 곧 자신을 지키는 가장 현명한 방법입니다.

不責(불책): 책임을 묻지 않다 / **陰舊**(음구): 과거의 은밀한 일이나 오래된 잘못 / **養德**(양덕): 덕을 기르다 / **遠害**(원해): 해로운 것을 피하다

불완전한 사람들과 어울려 사는 지혜

識人之智 不如容人之量
식 인 지 지 불 여 용 인 지 량

사람을 꿰뚫어 보는 지혜보다 중요한 것은 품는 마음이다.

사람을 꿰뚫어보는 능력은 칼과 같고,
품어주는 능력은 바다와 같습니다.
아무리 정확하게 상대방을 파악해도 그것만으론 관계가 깊어지지 않아요.
오히려 '저 사람은 이런 사람이야'라고 단정하는 순간 벽이 생기죠.
완벽한 사람을 찾는 게 아니라, 불완전한 사람들과 어울려 살아가는 것.
그 넓은 마음이 진정한 리더십이자 성숙함입니다.

識人(식인): 사람을 알아보다 / **之智**(지지): ~의 지혜 / **不如**(불여): ~보다 못하다 / **容人**(용인): 다른 사람을 포용하다 / **之量**(지량): 마음의 크기

 ## 30 작은 선행이 큰 향기로 남는다

一念慈心 寸心昭芬
일 념 자 심 촌 심 소 분

한 번 자비로운 마음을 품으면, 그 작은 마음에서도 향기가 퍼진다.

바쁜 일상 속에서도 짜증 대신 이해를, 비난 대신 격려를,
무심한 시선 대신 따뜻한 눈빛을 건네는 순간,
그 작은 선택들이 누군가의 하루를 밝히고,
세상의 공기를 부드럽게 만듭니다.
진정한 향기는 마음에서 나며,
오래 남는 것은 말이 아니라 마음의 온기입니다.
오늘 한순간의 자비가 내일의 세상을 더 따뜻하게 만듭니다.

一念(일념): 한 생각 / **慈心**(자심): 자비로운 마음 / **寸心**(촌심): 아주 작은 마음 / **昭芬**(소분): 밝게 드러나다, 향기처럼 퍼지다

 ## 이익을 넘어선 관계의 소중함

世態炎涼 皆因利害之交
세 태 염 량 개 인 이 해 지 교

세상의 냉정함은 모두 이해관계에서 비롯된다.

사람들의 태도는 빠르게 변합니다.
도움이 필요할 때는 따뜻하게 다가오다가,
더 이상 얻을 게 없으면 차갑게 돌아서죠.
순수한 인간애가 아니라 계산된 관계였기 때문입니다.
서로에게 도움이 될 때만 가까워지고,
손해가 예상되면 멀어지는 것이 세상의 냉혹한 현실입니다.
하지만 이런 세태를 알아야
진정한 인간관계의 소중함을 더욱 깨달을 수 있습니다.

世態(세태): 세상의 형편과 사람들의 태도 / **炎涼**(염량): 뜨겁고 차가움, 즉 인간관계의 변덕 / **皆因**(개인) : 모두~~ 때문이다 / **利害**(이해): 이해관계 / **之交**(지교): 사람 사이의 인간관계

 차가운 눈, 따뜻한 지혜

冷眼觀人 可省多少是非
냉안관인 가생다소시비

사람을 차분히 바라보면 쓸데없는 시비를 줄일 수 있다.

사람들과의 갈등은 대부분 감정이 앞설 때 생깁니다.
화가 나거나 속상할 때 즉각 반응하면 문제만 커지죠.
한 발짝 뒤로 물러서서 상황을 차분히 바라보면
상대방의 의도나 어려움이 보입니다.
감정에 휩쓸려 성급하게 판단하는 대신,
잠시 멈춰서 객관적으로 바라보면 불필요한 시비를 피할 수 있습니다.
차가운 눈은 무관심이 아닌 지혜로운 거리두기입니다.

冷眼(냉안): 차가운 눈 / **觀人**(관인): 사람을 관찰하다 / **可省**(가생): 덜 수 있다 / **多少**(다소): 많음과 적음 / **是非**(시비): 옳고 그름, 말썽

# 따뜻한 이해가 선한 본성을 이끈다

責人當寬 育善須易 務從其宜
책 인 당 관 육 선 수 이 무 종 기 의

남을 꾸짖을 때는 너그럽게, 착함을 기를 때는 쉽게, 일은 알맞게 해야 한다.

아무리 거칠고 악해 보여도
사람은 누구나 선한 본성을 갖고 있습니다.
누군가의 마음을 움직이고 변화시키고 싶다면
이 선한 본성을 스스로 꺼낼 수 있도록 도와야 합니다.
질책이나 비난은 아무런 도움이 되지 못합니다.
따뜻한 시선으로 상대방을 이해할 때
사람은 놀라운 변화를 보일 수 있습니다.

責人(책인): 사람을 꾸짖다 / **當寬**(당관): 당연히 관대해야 한다 / **育善**(육선): 착한 품성을 키우다 / **須易**(수이): 모름지기 쉬워야 한다 / **務從**(무종): 힘써 따르다 / **其宜**(기의): 그것의 적절함

 ## 34 참된 것은 이름을 드러내지 않는다

眞廉無名 大巧無術
진 렴 무 명 대 교 무 술

참된 청렴은 이름이 없고, 큰 재주는 기교가 없다.

훌륭한 재주를 가진 사람은 겉으로 재주를 부리지 않고,
오히려 서툴러 보이거나 평범해 보입니다.
하찮은 재주를 가진 사람일수록 뽐내고 드러내려 합니다.
얕은 꾀를 부리면 오히려 큰 문제가 생깁니다.
단기적인 이익을 위해 잔재주나 얕은 꾀를 부리면
결국 신뢰를 잃어 더 큰 손해를 보게 되므로,
처음부터 정직하게 행동하는 것이 가장 현명한 길입니다.

眞廉(진렴): 참된 청렴, 진실한 청빈 / **無名**(무명): 이름이나 명성이 없음 / **大巧**(대교): 큰 재주, 최고의 솜씨 / **無術**(무술): 기교나 기술이 없음

# 35

칭찬에도 비난에도
흔들리지 않는 마음

非喜非怒 看表象
비 희 비 노   간 표 상

겉으로 드러나는 평가나 외형에 마음을 두지 않고, 마음을 평정한다.

사람들이 나를 칭찬할 때, 정말 나를 인정하는 걸까요?
아니에요. 지위, 돈, 권력을 보는 거예요.
사람들이 나를 무시할 때도 마찬가지예요.
가치가 떨어진 게 아니라, 그저 겉으로 보이는 것만 판단하는 거예요.
그러니 칭찬에 취할 것도, 비난에 상처받을 필요도 없어요.
진짜 나를 지키는 건 바로 이런 초연함이에요.
세상의 평가는 그저 표면일 뿐, 본질은 변하지 않으니까요.

非喜(비희): 기뻐하지 않는다. / **非怒**(비노): 화내지 않는다 / **看**(간): 보다, 관찰하다 / **表象**(표상): 겉모습, 외형, 겉치레

자신과 타인을 직시하는 용기

母偏信母自任 平心觀人
무 편 신 무 자 임   평 심 관 인

치우쳐 믿지 말고 스스로 고집하지 말며, 평정한 마음으로 사람을 관찰하라.

편견 없이 사람을 본다는 건 소극적으로 중립을 지키는 것이 아니라
끊임없이 내 안의 편견과 싸우는 것입니다.
내 안의 좋아함과 싫어함, 기대와 실망을 내려놓고,
저 사람이 어떤 상처와 희망을 품고 있는지 헤아리려는 노력입니다.
나를 보는 것도 마찬가지입니다.
자책과 자만 사이를 오가는 대신
있는 그대로의 나를 직시할 때 비로소 성장의 길이 열립니다.

母(무): ~하지 마라 / **偏信**(편신): 편견으로 믿다 / **自任**(자임): 스스로를 믿고 자만하다 / **平心**(평심): 차분하고 공정한 마음 / **觀人**(관인): 사람을 보다

새 한 마리 울고 나면
산은 더욱 그윽해진다

소리가 사라진 자리에
고요가 더 깊이 스며든다

마음의 소란이 멈출 때
비로소 적막의 깊이가 느껴진다

새소리가 지나간 뒤
산의 정적이 살아나고

번잡함이 가라앉은 뒤
밤의 심연이 드러난다

참된 고요는 소리의 부재가 아니라
소리와 침묵이 하나 되는 것

새가 울어야 산의 고요를 알고
사람이 고요해져야 밤의 깊이를 안다

3

자연의 시간에 나를 맡기다

 **37 그냥 바라보는 연습**

看山是山 看水是水
간 산 시 산   간 수 시 수

산을 산으로, 물을 물로 볼 수 있을 때 비로소 마음이 편안하다.

산을 보며 '저기 집 지으면 좋겠다'고 생각하고,
물을 보며 '수영하고 싶다'고 생각하면
자연을 온전히 느낄 수 없습니다.
가끔은 그냥 바라보는 연습이 필요해요.
아무것도 더하거나 빼지 않고 있는 그대로 받아들일 때,
우리는 사물과 조용히 어울리며,
그것을 있는 그대로 만날 수 있습니다.

看山(간산): 산을 봄 / **看水**(간수): 물을 봄 / **是**(시): ~이다

38 속세를 벗어난 자유로운 영혼

閑雲野鶴 不染塵埃
한 운 야 학   불 염 진 애

한가로운 구름과 들판의 학처럼, 세속에 물들지 않는 삶을 살아라.

구름은 바람이 부는 대로 흘러가고, 학은 자유롭게 날아다닙니다.
그들에게는 욕심도 계획도 없어요.
성공해야 한다는 압박, 남보다 앞서야 한다는 조급함,
더 많이 가져야 한다는 욕심…
가끔은 구름처럼 가볍게, 학처럼 자유롭게 살고 싶어집니다.
세상의 기준에 얽매이지 않고, 내 마음이 이끄는 대로 살아가는 것.
그렇게 사는 게 본래 우리 모습이 아닐까요?

閑雲(한운): 한가로이 떠도는 구름 / **野鶴**(야학): 들판의 학 / **不染**(불염): 영향을 받지 않다 / **塵埃**(진애): 티끌과 먼지, 속세의 번잡함

# 머무르지 않아야 온전히 누린다

興逐閒行 境會無留
흥 축 한 행 경 회 무 류

흥취를 따라 자유롭게 거닐면, 풍경과 마음이 하나 되지만 집착하지 않는다.

진정한 만남은 머무름 없는 만남입니다.
꽃을 보되 꺾지 않고, 달을 감상하되 담으려 하지 않지요.
흘러가는 구름처럼 만나고 헤어집니다.
집착이 없기에 온전히 누릴 수 있고,
소유하지 않기에 영원히 간직할 수 있어요.
그럼에도 좋은 것을 만나면 붙잡으려 합니다.
사진을 찍고, 기억하려 애쓰고, 소유하려 들지요.
하지만 그 순간 경험은 이미 죽고 맙니다.

興逐(흥축): 흥취를 따라가다 / **閒行**(한행): 한가로이 산책하다 / **境會**(경회): 경계와 마음이 합치되다 / **無留**(무류): 붙잡음이 없다

 ## 고요 속의 깊이

鳥鳴山更幽 人靜夜尤深
조 명 산 경 유 인 정 야 우 심

새 소리는 산의 고요함을 더하고, 고요한 사람은 밤을 더 깊게 만든다.

새소리가 울려 퍼질 때 산의 적막은 오히려 더욱 깊어지고,
고요해질수록 밤의 정적은 더욱 짙어집니다.
고요함은 자연과의 조화 속에서 느끼는 내면의 평온임을 말해줍니다.
마음이 고요해질 때 세상의 미묘한 아름다움을 느끼게 되고,
그 순간 일상의 소음에 묻혀 있던 깊은 정적과 만나게 됩니다.
고요한 마음은 세상을 더 깊이 경험하게 하는 열쇠입니다.

鳥鳴(조명): 새 울음소리 / **山更幽**(산경유): 산이 더 고요해지고 / **人靜**(인정): 사람이 조용해지면 /
夜尤深(야우심): 밤이 더욱 깊어진다

 ## 자연이 열어주는 마음의 문

步履山林 心地自開
보 려 산 림 심 지 자 개

산과 숲을 거닐다 보면, 마음이 절로 열린다.

산과 숲길을 천천히 거닐다 보면
복잡한 생각과 걱정으로 얽힌 마음이 점차 풀어집니다.
푸른 나무와 맑은 공기가 내면의 응어리를 부드럽게 어루만져 줍니다.
인위적인 노력 없이도 자연은 치유와 평온을 선사하며,
막혔던 생각의 길을 다시 트이게 해줍니다.
발걸음이 닿는 순간 몸과 마음이 순환과 조화를 느끼며 평화로워집니다.

步履(보려): 거닐며 / **山林**(산림): 산과 숲 / **心地**(심지): 마음의 근본 / **自開**(자개): 스스로 열린다

 ## 42 정적 속에서 삶이 깨어나다

閒中有樂 靜裡生春
한 중 유 락 정 리 생 춘

한가로움 속엔 즐거움이 있고, 고요함 속엔 새봄 같은 생기가 솟는다.

한가로움은 게으름이 아닌 삶의 여백입니다.
그 여백 속에서 비로소 자신의 숨소리를 듣고,
마음의 목소리를 알아차리고,
삶의 소중한 순간들을 음미할 수 있습니다.
한가로운 시간은 낭비가 아닌
내면이 숨을 고르고 다시 살아나기 위한 토양입니다.

閒中(한중): 한가로움 속에 / **有樂**(유락): 즐거움이 있고 / **靜裡**(정리): 고요함 속에 / **生春**(생춘): 봄이 피어난다

 **43 뿌리를 잊지 않는 마음**

飲水要思其源
음 수 요 사 기 원

물을 마실 때 그 근원을 생각하듯, 작은 은혜도 잊지 마라.

목마를 때 물을 마시면서
물이 어디서 왔는지 생각하는 사람은 거의 없습니다.
그 물은 수많은 과정을 거쳐 내게 왔어요.
구름이 되고, 비가 되고, 강이 되어 흘러온 것처럼
내가 받은 모든 것도 누군가의 수고와 배려가 있었기 때문이죠.
부모의 사랑, 친구의 도움을 당연하게 여기는 순간
소중함을 잃어버립니다.

飮水(음수): 물을 마심 / **要**(요): 필요하다 / **思其源**(사기원): 그 근원을 생각함

 ## 마음이 구름처럼 자유로울 때

孤雲慧空 靜躁無牽
고 운 혜 공   정 조 무 견

홀로 떠다니는 구름처럼 마음을 비우고, 고요함과 번잡함에 마음이 얽매이지 않는다.

구름은 어디로 갈지, 어디서 머무를지
누구에게도 묻지 않으며 얽매이지 않습니다.
우리는 시끄러운 상황에서는 불안해하고
고요함 속에서는 평안을 얻으려 하지만,
홀가분한 마음은 평정심을 유지합니다.
속박됨이 없는 자유로운 상태입니다.
마치 하늘에 떠있는 달이 세상의 소란과 상관없이
그저 빛을 비추는 것처럼 말입니다.

孤雲(고운): 홀로 떠다니는 구름 / 慧空(혜공): 지혜를 통해 마음이 비어있는 상태 / 靜躁(정조): 마음의 고요함과 번잡함 / 無牽(무견): 마음이 자유롭다

작은 집과 흐르는 물, 그것으로 충분하다

茅屋三間 水竹數畝 足矣
모 옥 삼 간   수 죽 수 무   족 의

초가집 몇 칸과 물가의 대나무밭만 있어도 삶은 충분하다.

더 크고, 더 많이, 더 화려하게 살아야 한다는 현대의 강박 속에서
우리는 정작 중요한 것들을 놓치고 있는지도 모릅니다.
맑은 물소리와 바람에 흔들리는 대나무 잎사귀만 있다면,
그곳이야말로 진정한 안식처가 될 수 있습니다.
행복은 얼마나 많이 소유했느냐가 아니라,
지금 가진 것에 얼마나 감사할 수 있느냐에 달려 있는 것은 아닐까요.

茅屋(모옥): 초가집 / **三間**(삼간): 방 세 칸 / **水竹**(수죽): 물과 대나무 / **數畝**(수무): 몇 단의 밭 / **足矣**(족의): 충분하다

 ## 강물이 바위를 피해가는 이유

與其苦心勉強 不若退步自安
여 기 고 심 면 강   불 약 퇴 보 자 안

억지로 애쓰며 힘들게 사는 것보다 한 걸음 물러서 마음 편히 지내는 것이 낫다.

강물이 바위를 만났을 때
정면으로 부딪히지 않고 자연스럽게 돌아가듯,
우리도 모든 것을 정면승부로 해결하려 들 필요는 없습니다.
한 걸음 물러서는 것은 포기가 아니라 더 넓은 시야를 얻는 것이며,
마음을 편히 하는 것은 나약함이 아니라 삶의 리듬을 아는 성숙함입니다.
억지로 쥐어짜낸 성과보다 자연스럽게 얻은 평안이 더 오래갑니다.

與其(여기): 차라리 / **苦心**(고심): 고생하며 마음을 다함 / **勉強**(면강): 힘써 노력함 / **不若**(불약): ~만 못하다 / **退步**(퇴보): 뒤로 물러서다 / **自安**(자안): 스스로 만족하다

 ## 47 담백함 속의 평온

食淡精神爽 心淸夢寐安
식 담 정 신 상 심 청 몽 매 안

음식이 담백하면 정신이 맑고, 마음이 깨끗하면 꿈도 평안하다.

몸과 마음은 연결되어 있습니다.
기름진 음식을 많이 먹으면 몸이 무거워지고 정신도 흐려져요.
현대인들은 자극적인 것에 중독되어 살아요.
짜고 달고 기름진 음식,
복잡하고 시끄러운 정보들이 쌓이면 마음도 탁해집니다.
담백한 음식이 몸을 가볍게 하듯, 단순한 생각이 마음을 맑게 해요.
복잡한 걱정을 내려놓고 조용히 살면 밤에도 깊이 잘 수 있습니다.

食淡(식담): 음식이 담백하면 / **精神爽**(정신상): 정신이 상쾌하고 / **心淸**(심청): 마음이 맑으면 / **夢寐安**(몽매안): 꿈자리도 편하다

 ## 열흘 붉은 꽃이 없다

髮齒任衰 鳥花識真
발 치 임 쇠 조 화 식 진

머리카락과 이의 쇠함을 자연스럽게 맡기고, 새와 꽃을 즐기며 자신의 본성을 있는 그대로 깨닫는다.

노화는 관리의 영역이 아닙니다.
노화는 자연의 섭리이자 생명의 본질입니다.
육체적 삶의 유한성을 인정하지 않으면 평생 우울함에 시달릴 수밖에 없지요.
진정한 아름다움은 나이와 함께 익어가는 내면의 깊이에 있습니다.
육체는 시들고 외모는 변해도 영혼은 더욱 빛날 수 있습니다.
노화를 받아들이는 것은 포기가 아니라 자연과 화해하는 지혜입니다.

髮齒(발치): 머리카락과 치아 / **任衰**(임쇠): 늙음을 받아들이다 / **鳥花**(조화): 새와 꽃 / **識真**(식진): 참됨을 분별하다

49 자리를 넘어 마음을 지키다

居高懷山 卑下思綸
거 고 회 산 비 하 사 륜

높은 자리에서도 자연의 마음을 품고, 낮은 자리에서도 도리를 생각하라.

높은 곳에서는 겸손하게, 낮은 곳에서는 당당하게.
지위가 높아도 자만하지 않고, 지위가 낮아도 비굴할 필요 없어요.
비록 평범한 자리에 있어도, 은거하는 선비가 나라를 걱정했듯
세상을 향한 따뜻한 시선을 잃지 마세요.
진짜 강한 사람은 자리에 흔들리지 않아요.
어디 있든 자기 중심을 지키고, 더 나은 세상을 꿈꾸는 마음을 품고 있어요.

居高(거고): 높은 위치에 머물다 / **懷山**(회산): 산의 기운과 마음을 품다 / **卑下**(비하): 낮은 곳에 머물다 / **思綸**(사륜): 세상의 도리와 경륜을 생각하다

# 50 헛된 꿈을 깨우고 참된 나를 만나다

聽鐘觀月 悟身外
청 종 관 월 오 신 외

종소리를 듣고 달을 보며, 자신을 초월한 깨달음을 얻다.

인간은 고요함과 순수함 속에서 깨달음을 얻습니다.
육체적인 존재를 초월하고 세상의 유행이나 겉치레는 사라지고,
본질적인 질문과 마주합니다.
"나는 누구인가?"
"무엇이 진정한 가치인가?"
고요히 듣고, 담담히 바라보는 순간
삶을 채우고 있던 헛된 꿈들은 사라집니다.
종소리가 울릴 때, 우리는 집착으로부터 깨어날 것입니다.

聽鐘(청종): 종소리를 듣다 / **觀月**(관월): 달빛을 보다 / **悟**(오): 깨닫다, 통찰하다 / **身外**(신외): 자기 자신을 넘어서는 세계나 존재

 **51** 마음이 원하는 순간에 멈추는 지혜

今欲休去 當下休
금 욕 휴 거 당 하 휴

마음이 원할 때, 즉시 행동으로 옮겨 쉬어라.

마음이 원하는 것을 즉시 받아들이고 실행하는 것 자체가
자연스러운 삶의 흐름과 조화를 이루는 길입니다.
쉬는 건 시간 낭비가 아니라, 내적 균형을 회복하고
다시 집중할 에너지를 채우기 위해 반드시 필요합니다.
계획도, 일도 중요하지만, 무엇보다 자신의 마음과 몸의 신호를
존중하는 삶이 먼저라는 사실을 잊지 말아야 해요.

今欲(금욕): 지금 하고 싶은 마음 / **休去**(휴거): 쉬고자 함을 실행하다 / **當**(당): 마땅히, 바로, 즉시 /
下休(하휴): 당장 쉬어라

 **고요 속 사색, 깨달음에 닿다**

松澗獨行 枕書覺月
송 간 독 행 침 서 각 월

소나무 계곡 사이를 홀로 걸으며, 책을 읽고 달빛 속에서 마음을 깨닫는다.

자발적인 고독과 내면의 충만함은
세상의 잡념에서 벗어나 순수한 깨달음의 경지에 이를 수 있습니다.
우리가 당장 깊은 산 속으로 들어갈 수는 없을지라도
책을 통해 마음을 수양하고 깊은 사색의 경지에 이를 수 있습니다.
물질적 풍요는 가득하지만 정신적 자유가 귀한 세상에서도
고독과 독서의 결합이 내 마음과 온전히 마주하며
성찰의 시간을 선물해 줍니다.

松澗(송간): 소나무가 있는 계곡 / **獨行**(독행): 홀로 걸으며 나아가다 / **枕書**(침서): 책을 가까이 하여 읽다 / **覺月**(각월): 달빛 속에서 깨달음을 얻다

 ## 53 구름을 보며 마음을 비우다

觀雲識道 忘物忘我 任其自然
관 운 식 도   망 물 망 아   임 기 자 연

구름을 보고 도를 깨달아, 사물과 나를 잊고 그 자연스러움에 맡긴다.

사물을 잊고 나를 잊는다는 것은 경계의 소멸입니다.
이것은 내 것, 저것은 네 것이라는 구분이 사라지죠.
내가 자연을 보는 것인지, 자연이 나를 보는 것인지 분간할 수 없습니다.
나와 주변이 하나로 어우러지고, 마음과 몸이 하나가 됩니다.
꽃은 피고 싶을 때 피고, 바람은 불고 싶을 때 붑니다.
우주의 질서에 몸을 맡길 때, 모든 것이 제자리를 찾습니다.

觀雲(관운): 구름을 관찰하다 / **識道**(식도): 길을 인식하다 / **忘物**(망물): 사물을 잊다 / **忘我**(망아): 자아를 잊다 / **任其**(임기): 상황에 맡기다

 ## 광활한 자연 속에서 평온을 찾다

高流雨夜 曠遠淸適
고 류 우 야   광 원 청 적

비 오는 밤, 높은 물의 흐름 속에서 마음은 아득히 트이고 맑은 평안에 잠긴다.

우리는 산을 정복하려 하지 않고 그저 오르며,
물을 막으려 하지 않고 그저 바라봅니다.
비 내리는 밤을 거부하지 않고 그 안에서 고요히 몰입합니다.
자연의 순리에 순응하고, 내면을 고양시킬 때,
가장 순수하고 영속적인 행복을 경험하게 됩니다.
인간은 자연 속에 있을 때 비로소 이기적이고 좁은 아집에서 벗어나
무한한 사색의 공간을 얻게 됩니다.

高流(고류): 높은 곳에서 흐르는 물 / **雨夜**(우야): 비 오는 밤 / **曠遠**(광원): 넓고 아득하다 / **淸適**(청적): 맑고 한적하다

채근담을 필사하는 이유

가장 느린 방식으로
가장 깊은 치유를 선물합니다

채근담은 인간의 본성에 대한 근본적 통찰이 담겨 있습니다. 세상이 아무리 변해도 변하지 않는 것이 있다면, 그것은 인간의 본성입니다. 그래서 인간의 본성이 담긴 콘텐츠는 세월이 아무리 흘러도 그 가치를 잃지 않습니다.

인간은 여전히 불완전하고, 욕망에 흔들리며, 균형을 잃기 쉽습니다. 하지만 동시에 스스로를 돌아보고, 더 나은 삶을 살고자 하는 의지도 가지고 있습니다. 채근담은 마음의 거울이 되어 시공을 초월해 우리에게 말을 건넵니다.

채근담은 인생의 단맛과 쓴맛을 모두 경험한 사람만이 도달할 수 있는 깊은 성찰이 주옥같은 문장으로 빛납니다. 사람이 무너지는 것은 잘 나갈 때 겸손하지 못한 교만 때문이고, 사방에 복이 넘쳐도 그릇이 작아 담지 못하며, 고요히 독서에 집중하지 않아 사물의 이치를 깨우치지 못한다는 통찰은 한 줄 한 줄이 촌철살인입니다.

욕망과 집착, 교만과 겸손, 득과 실, 영광과 좌절 앞에서 흔들리는 인간의 마음은 과거나 현재나 다르지 않습니다. 기술이 발전하고 사회 시스템이 바뀌어도, 시기심과 질투, 명예욕과 소유욕, 인정받고 싶은 마음은 여전히 인간의 내면 깊숙한 곳에 자리하고 있습니다. 옛사람들이 남의 성공을 시샘했듯, 우리 역시 타인의 화려한 삶을 보며 초라함을 느낍니다.

도구와 형태만 바뀌었을 뿐, 그 안에 담긴 인간의 욕망과 불안은 조금도 달라지지 않았습니다. 우리는 여전히 같은 질문 앞에 서 있습니다. 어떻게 욕망을 다스릴 것인가, 어떻게 마음의 평화를 지킬 것인가, 무엇이 진정 가치 있는 삶인가. 채근담은 바로 이 변하지 않는 물음에 대한, 변하지 않는 답을 내어줍니다.

채근담을 필사해야 하는 이유는 일상의 작은 행동부터 일생의 큰 원칙까지 아우르는 실천적 지혜를 체화할 수 있기 때문입니다. 채근담이 건네는 말은 눈으로 빠르게 한두 번 읽어서는 자신의 것으로 만들 수 없습니다. 한 자 한 자 꼭꼭 씹어서 천천히 삼키듯 손으로 쓰며 가슴에 새겨야 할 문장입니다. 채근담의 진가는 필사할 때 제대로 드러납니다.

채근담을 필사하는 동안, 자신을 깊이 들여다보는 성찰의 시간을 갖게 됩니다. 현대인에게 성찰의 시간은 잃어버린 나를 되찾는 유일한 통로입니다. 고요하게 멈춰 서서 내면과 마주할 때, 비로소 자신이 원하는 삶과 나아갈 방향이 선명해집니다.

성찰은 바쁜 일상에 떠밀려가는 삶이 아닌, 자신이 주인이 되는 삶을 살게 해줍니다. 바쁘게 살아가느라 잊고 있던 내면의 목소리에 귀 기울이고, 삶의 의미를 되새기며, 마음의 평화를 되찾는 시간. 그렇게 채근담은 가장 느린 방식으로 가장 깊은 치유를 선물할 것입니다.

채근담을 필사하면서 느낀 고요한 충만함, 무언가를 성취했다는 작은 기쁨은 분주한 일상에 지친 마음을 어루만져주고 험한 세상에서도 앞으로 뚜벅 뚜벅 앞으로 힘차게 나아갈 용기를 줄 것입니다.

떨어지고 시들어
추위가 응결될 때

절망하지 마라
따스한 기운은 반드시 돌아온다

가장 깊은 겨울이
봄을 불러온다
낙엽이 지고
서리가 내려도

땅속 깊은 곳에서는
이미 생명이 꿈틀거린다

모든 쇠락에는
부활의 씨앗이 숨어 있고

모든 추위 끝에는
따스함이 기다린다

4

두려움에 머물지 않고
용기를 내고 싶을 때

55 인생의 봄은 반드시 온다

零落凝寒 陽氣必回
영 락 응 한 양 기 필 회

잎이 떨어지고 차가운 기운에 얼어붙어도, 생명의 기운은 반드시 회복된다.

대지가 얼어붙고, 생명의 흔적이 모두 사라진 것처럼 보이는 순간
땅 밑에서 씨앗은 봄을 준비하고,
나무의 가지 속에서 수액은 천천히 흐르고 있습니다.
죽음처럼 보이는 것은 실은 가장 강렬한 생명의 준비 과정입니다.
가장 어두운 순간에 빛을 기다릴 수 있는 힘,
가장 추운 겨울에 봄을 확신할 수 있는 믿음.
포기하지 마세요. 견뎌봅시다.
봄은 반드시 옵니다.

零落(영락): 떨어져 흩어지다 / **凝寒**(응한): 매우 심한 추위 / **陽氣**(양기): 밝고 따뜻한 기운 / **必回**(필회): 반드시 돌아오다

# 56 당신은 지금 성장 중이다

莫言無能 聖賢亦學成
막 언 무 능 성 현 역 학 성

스스로 무능하다고 말하지 마라. 성현도 배움을 통해 이루어진 사람들이다.

'난 못해'라는 말 속에는 상처가 숨어있습니다.
실패의 아픔이 두려워 먼저 포기하는 거겠죠.
하지만 성현들도 처음엔 서툴렀어요.
공자는 젊은 시절 가난했고, 석가모니도 깨달음 전까지 6년간 고행했습니다.
그들이 위대해진 건 넘어져도 다시 일어섰기 때문이에요.
지금 당신이 서툰 건 당연합니다.
오늘 서툴다는 건, 내일은 성장할 수 있다는 거예요.

莫言(막언): 말하지 마라 / **無能**(무능): 능력이 없다 / **聖賢**(성현): 어질고 지혜로운 사람 / **亦**(역): 또한, 역시 / **學成**(학성): 학문을 완성하다

# 57 두려움 안에는 용기도 함께 있다

人心有眞 學當掃蔽
인 심 유 진　학 당 소 폐

사람 마음속에는 본래 참됨이 있으니, 공부는 진리를 가리는 어리석음을 털어내는 과정이다.

이미 마음속에 어리석음을 털어낼 수 있는 참됨이 있듯이
두려움 속에도 본래의 용기가 숨어 있습니다.
큰일을 앞두고 당연히 두려울 수 있지만
조금씩 준비하고, 작은 한 걸음을 내딛다 보면,
두려움은 사라지고 마음속 용기가
자연스럽게 모습을 드러낼 것입니다.

人心(인심): 사람의 마음 / **有眞**(유진): 참됨이 있다 / **學當**(학당): 학문은 마땅히 해야 한다 / **掃蔽**(소폐): 덮여있는 것을 제거하다

58. 잘 될 때 멈추고, 안 될 때 견뎌라

快時回頭 拂時莫捨
쾌 시 회 두   불 시 막 사

즐거울 때는 자만을 경계하여 되돌아보고, 괴로울 때는 쉽게 포기하지 마라.

인생의 가장 큰 함정은 좋을 때 방심하고,
나쁠 때 절망하는 것입니다.
성공의 달콤함에 취하면 교만해지고,
실패의 쓴맛에 좌절하면 포기하게 되죠.
오늘의 축복이 내일의 재앙이 될 수 있고,
오늘의 시련이 내일의 기회가 될 수 있어요.
좋을 때 겸손하고, 나쁠 때 좌절하지 않아야
파도처럼 출렁이는 인생에서 중심을 잡을 수 있습니다.

快時(쾌시): 즐거운 때, 일이 잘 풀릴 때 / **回頭**(회두): 고개를 돌림, 되돌아봄 / **拂時**(불시): 일이 잘 안 풀릴 때, 어려울 때 / **莫捨**(막사): 버리지 마라

 ## 힘들 때 초심으로 돌아가야 하는 이유

窮觀初心 成看末路
궁 관 초 심 성 간 말 로

어려움에 처한 사람은 처음의 뜻을 살펴야 하고, 성공한 사람은 끝맺음을 보아야 한다.

지금 가진 것이 부족하고
모든 것이 막막할 때 좌절하기가 쉽습니다.
이럴 때 처음의 설렘을 상기해 볼 필요가 있습니다.
왜 이 길을 시작했는지, 무엇이 나를 두근거리게 했는지,
순수했던 마음을 다시 만나는 겁니다.
빛나는 성과를 거두었을 때도 초심은 여전히 중요합니다.
초심은 가장 강력한 위로이고 충고이자 에너지가 됩니다.

窮觀(궁관): 끝까지 관찰하다 / **初心**(초심): 처음의 마음 / **成看**(성간): 끝까지 보다 / **末路**(말로): 인생이나 일의 마지막 단계

 ## 고난은 숨은 힘을 드러낸다

風來疊起 波靜方知水深
풍래첩기 파정방지수심

바람이 불어와 파도가 일고, 파도가 잠잠해져야 비로소 물의 깊이를 알 수 있다.

인생의 폭풍이 지나가야 비로소 나의 진짜 깊이를 알게 됩니다.
평온할 때는 누구나 현명하고 강해 보이죠.
하지만 위기가 닥치면 진짜 모습이 드러납니다.
혼란이 가라앉고 마음이 고요해졌을 때,
그제야 내 안에 어떤 지혜와 힘이 숨어있었는지 깨닫게 되죠.
고난은 우리를 약하게 만드는 게 아니라,
이미 가지고 있던 깊이를 드러나게 해줍니다.

風來(풍래): 바람이 온다 / **疊起**(첩기): 파도가 겹쳐 일어남 / **波靜**(파정): 물결이 잠잠함 / **方知**(방지): 이제 막 깨닫다 / **水深**(수심): 물의 깊이

 바람이 거셀수록 연은 더 높이 난다

逆境如藥 順境如刀
역 경 여 약 순 경 여 도

역경은 성장을 돕고, 순경은 조심하지 않으면 해를 준다.

사람은 누구나 꽃길만 걷기를 원하지만,
고통은 우리를 깨어나게 하고, 부족함을 채우도록 자극합니다.
또한 인내와 용기라는 강인한 근육을 만들어주기도 하지요.
바위가 오랜 세월 거친 파도에 부딪히며 깎이듯,
고난을 통해 비로소 단단해지고 깊이를 더합니다.
역경은 밖의 적과 싸우는 듯 보이지만,
내면의 잠재력을 일깨우고 인격을 빚어내는 담금질입니다.

逆境(역경): 순탄하지 않은 처지나 환경 / **如藥**(여약): 약처럼 작용한다 / **順境**(순경): 모든 일이 잘 풀리는 상황 / **如刀**(여도): 칼처럼 날카롭다

 ## 62 마음이 열리면 길도 열린다

心寬一寸 路寬一丈
심 관 일 촌 로 관 일 장

마음을 한 치만 넓히면, 세상 길은 열 자나 넓어진다.

길이 막힌 게 아니라 마음이 막힌 겁니다.
고집과 편견을 조금만 내려놓아도
보이지 않던 선택지들이 나타나죠.
원망으로 가득한 마음에는 모든 것이 장벽으로 보입니다.
하지만 이해하는 마음에는 어디든 길이 열려요.
세상이 좁은 게 아니라 내 마음이 좁았던 거예요.
마음의 문을 열면 세상이 달라 보입니다.

心寬(심관): 마음이 넓음 / **一寸**(일촌): 한 치(약 3.3cm), 아주 조금 / **路寬**(로관): 길이 넓음 / **一丈**(일장): 한 길(약 3미터), 상당히 큰 길이

# 부드러움은 강함을 이긴다

圓者成功 拙者敗事
원 자 성 공 구 자 패 사

원만한 사람은 일을 성공시키고, 고집스러운 사람은 일을 망친다.

부드러움은 강함을 이기고, 구부러지면 온전해집니다.
고집불통과 완고함은 시대의 흐름을 놓쳐 기회를 잃게 됩니다.
부드러움과 원만함은 유연함과 포용력을 의미합니다.
유연한 마음은 어떤 난관도 돌파할 수 있는 힘을 가지고 있습니다.
진정한 강함은 고집스럽게 밀어붙이는 것이 아니라,
상황에 맞춰 자신을 변화시킬 수 있는 적응력에서 나옵니다.

圓者(원자): 원만한 사람 / **拙者**(구자): 고집스러운 사람 / **敗事**(패사): 일에 실패하다

# 64 가장 큰 적은 언제나 내 안에 있다

外誘非虞 內心爲敵
외 유 비 우 내 심 위 적

외부의 유혹은 걱정할 바가 아니며, 내면의 마음이 적이 된다.

가장 위험한 적은 내 안에 있습니다.
외부의 유혹은 눈에 보이기에 경계할 수 있지만,
내면의 아집은 자신을 정당화하며 은밀히 침투합니다.
'나는 옳다'는 확신, '나는 안다'는 교만, '이것만이 진리'라는 독선.
고집스러운 의견과 자만심이야말로 우리를 옭아매는 진짜 감옥입니다.
외부와 싸우지 말고, 내면의 적을 직시해야 합니다.

外誘(외유): 외부의 유혹 / **非虞** (비우): 염려할 필요 없다 / **內心** (내심): 안에 있는 마음 / **爲敵** (위적): 적대적인 존재로 작용하다

 ## 덧없는 구름을 쫓지 않는 지혜

雲散霧消 達者回頭
운 산 무 소 달 자 회 두

구름이 흩어지고 안개가 사라지듯, 깨달은 자는 머리를 돌린다.

꿈을 현실의 '용광로'에 넣고,
단단한 '망치'로 두드려 빚어내는 용기야말로
우리를 성장시키는 힘입니다.
덧없는 오색구름을 쫓기보다,
발밑에 놓인 작은 돌멩이의 존재를 인정할 때
비로소 진정한 길을 발견합니다.
화려하고 깨지기 쉬운 것들에 집착하지 않으면
마음의 지옥으로부터 해방될 수 있습니다.

雲散(운산): 구름이 흩어지다. 막힘이나 장애가 사라진다 / **霧消**(무소): 안개가 사라진다 / **達者**(달자): 능통한 사람 / **回頭**(회두): 되돌아보다

66 통찰이 두려움을 이긴다

識透世情 胸中自無怖畏
식 투 세 정 흉 중 자 무 포 외

세상의 이치를 꿰뚫어 보면 마음속에 두려움이 사라진다.

두려움의 정체는 '무지'입니다.
모르니까 무서운 거예요.
세상에는 보이지 않는 법칙들이 작동합니다.
사람들이 왜 그렇게 행동하는지,
사회가 어떤 논리로 돌아가는지 …
이런 원리들을 꿰뚫어보면 예측 가능해집니다.
세상은 나름의 규칙을 가지고 있어요.
게임의 룰을 아는 사람은 두려워하지 않습니다.

識透(식투): 꿰뚫어 앎 / **世情**(세정): 세상의 이치 / **胸中**(흉중): 마음속 / **自無**(자무): 저절로 없어지다 / **怖畏**(포외): 두려움

 ## 마음이 평온하면 무서울 게 없다

心伏魔退 氣平橫止
심 복 마 퇴 기 평 횡 지

내면을 다스려야 외부의 모든 장애를 막을 수 있다.

부당한 일을 겪었을 때 분노가 치밀어 오릅니다.
하지만 그 분노로 상황이 해결되진 않아요.
오히려 격앙된 기운은 판단을 흐리고 상황을 악화시키죠.
물이 고요해야 달이 비치듯, 마음이 평온해야 진실이 보입니다.
기운이 평정되면 횡포는 더 이상 나를 침범하지 못합니다.
밖의 횡포가 사라진 것이 아니라, 흔들리지 않는 중심이 생긴 것입니다.

心伏(심복): 마음이 항복하다 / **魔退**(마퇴): 마귀가 물러나다 / **氣平**(기평): 기운이 평온하다 / **橫止**(횡지): 횡포가 멈추다

작은 일에도 바름을 지키는 것이 진짜 용기

細中守正 終始如一
세 중 수 정 종 시 여 일

가장 사소한 부분에서도 올바름을 지키면, 처음과 끝이 한결같다.

용기는 언제나 극적인 순간에만 필요한 것이 아닙니다.
사소한 선택, 일상의 작은 행동 속에서도 용기는 발휘될 수 있습니다.
누군가에게 솔직하게 말할 용기, 규칙을 지키는 작은 결심,
귀찮아도 책임을 다하는 행동 등,
작은 일에서 올바름을 지키고 처음과 끝까지 흔들리지 않는 것이
바로 진짜 용기입니다.

細中(세중): 작은 것 속, 세밀한 곳 / **守正**(수정): 바름을 지킨다 / **終始**(종시): 시작과 끝 / **如一**(여일): 한결같다

# 처음은 언제나 어렵다

無喜無憂 不安勿懼 初難勇行
무희무우 불안물구 초난용행

기뻐하지도 근심하지도 말며, 불안해하지 말고 두려워하지 말며,
처음 겪는 어려움 앞에서도 용기 있게 행동하라.

세상의 변화무쌍함을 알기에,
한 순간의 희비에 모든 것을 걸지 않습니다.
진정한 성장은 늘 불편함 속에서 일어나죠.
모든 시작은 어렵습니다.
첫발을 내딛는 것, 미지의 영역으로 나아가는 것은
언제나 막막하기에 내면의 평정, 변화에 대한 수용,
행동할 수 있는 용기. 흔들리지 않으면서도 멈추지 않는 것,
그것이 진정한 강인함입니다.

無喜(무희): 기뻐하지 마라 / **無憂**(무우): 우울해하지 마라 / **不安**(불안): 편함에 안주하자 마라 / **勿懼**(물구): 두려워하지 마라 / **初難**(초난): 초기의 어려움 / **勇行**(용행): 용기 있게 나아가라

70 두려운 이 순간을 사랑하는 법

人無千日好 花無百日紅
인 무 천 일 호 화 무 백 일 홍

사람은 언제나 좋을 수 없고, 꽃도 백일 동안 피어 있을 수 없다.

세상에 변하지 않는 건 없습니다.
아름다운 꽃도 결국 시들고, 깊은 사랑도 언젠간 식습니다.
절정의 순간에 이미 쇠락의 씨앗이 숨어있어요.
하지만 이것이 절망이 아니라 희망이 됩니다.
모든 것이 흘러간다는 것을 알 때
집착을 놓고 흔들림 없이 이 순간을 껴안을 수 있습니다.

人(인): 사람 / **無**(무): 없다 / **千日**(천일): 천 날, 긴 시간 / **好**(호): 좋다, 행복하다, 순조롭다 / **花**(화): 꽃 / **百日**(백일): 백 날, 일정 기간 / **紅**(홍): 붉다, 화려하다

# 71 뜻이 하나일 때, 운명을 이긴다

彼富我仁 彼爵我義 志一勝天
피 부 아 인 피 작 아 의 지 일 승 천

남이 부유해도 나는 인을 지키고, 남이 권세를 가져도 나는 의를 지킨다. 뜻을 하나로 하면 운명을 이길 수 있다.

부와 권력은 타인의 인정, 사회의 평가에 의존합니다.
반면 인과 의는 내가 선택하고 실천하는 것입니다.
전자가 소유의 영역이라면, 후자는 존재의 영역입니다.
무엇을 가진 사람이 아니라, 어떤 사람인가로 스스로를 정의합니다.
뜻이 하나로 모인다는 것은 내면의 분열을 극복한 상태입니다.
인간은 주어진 운명의 수동적 대상이 아니라, 운명을 창조하는 주체입니다.

彼富(피부): 타인의 물질적 풍요나 재산 / **我仁**(아인): 내가 인을 지킨다 / **彼爵**(피작): 타인의 권세나 지위 / **我義**(아의): 내가 의를 지킨다 / **志一**(지일): 뜻을 하나로 지킨다 / **勝天**(승천): 운명을 극복하다

끝없는 갈증에서 벗어나 삶의 주인 되기

奢不足 儉有餘 勞不怨 逸全眞
사 부 족 검 유 여 로 불 원 일 전 진

사치하면 부족하고 검소하면 여유로우며, 부지런히 일하면 원망이 없고 편안히 쉬면 참된 본성을 지킨다.

물질을 향한 욕망은 끝이 없어
마셔도 마셔도 목이 마른 바닷물과 같습니다.
능력 있는 사람일수록 더 높은 성과를 요구받습니다.
그 욕망과 요구에 끌려다니다 보면
영원히 채워지지 않는 갈증과 끝없는 경쟁의 굴레에 갇히게 됩니다.
그릇이 이미 충분함을 깨닫는 순간, 더 이상 세상의 욕망에 휘둘리지 않고
진짜 삶의 주인이 될 수 있습니다.

奢(사): 사치하다 / **不足**(부족): 부족하다 / **儉**(검): 검소하다 / **有餘**(유여): 여유가 있다 / **勞**(로): 수고하다 / **不怨**(불원): 원망하지 않는다 / **逸**(일): 한가롭다 / **全眞**(전진): 진실이 온전하다

없음에 거하는 것이
있음을 소유함보다 낫고

모자람에 머무는 것이
완전함을 채우는 것보다 낫다

가득 찬 그릇은
더 담을 수 없지만

빈 그릇은
무엇이든 받아들인다

집착을 비워내면
자유가 찾아오고

욕심을 내려놓으면
평화가 머문다

없음 속에 모든 것이 있고
모자람 속에 완전함이 깃든다

5

마음의 폭풍우 속에서도
고요를 품다

# 73 얻으려 하지 않으니 잃을 게 없다

隨緣自在 無求無憂
수 연 자 재 무 구 무 우

인연을 따르며 자유로우면, 아무것도 바라지 않아 근심이 없다.

인생이 내 뜻대로 안 된다고 괴로워하지 마세요.
애초에 내 뜻대로 될 리가 없거든요.
통제할 수 없는 것들을 통제하려다 지칩니다.
날씨, 타인의 마음, 세상의 흐름…
모두 내 힘으로는 어쩔 수 없는 일들이에요.
흐름에 맡기고 바라지 않는 순간 비로소 자유로워집니다.
얻으려 애쓰지 않으니 잃을 게 없고,
바꾸려 하지 않으니 실망할 일도 없어요.

隨緣(수연): 인연을 따르다 / **自在**(자재): 자유롭다 / **無求**(무구): 바라지 않음 / **無憂**(무우): 근심 없음

74. 운명을 가르는 찰나의 생각

一念錯　步步錯
일　념　착　　보　보　착

생각이 어긋나면, 매 걸음이 그르친다.

실수는 행동에서 일어난다고 생각하지만,
순간에 이미 모든 게 결정됩니다.
분노의 생각이 스치는 순간, 탐욕이 고개를 드는 순간,
자만이 피어오르는 그 때.
몸은 단지 마음이 이미 선택한 길을 따라갈 뿐이에요.
가장 무서운 건 순간의 잘못된 생각이
'당연하고 합리적'으로 느껴진다는 점입니다.
파멸로 가는 길목에서도 우린 자신이 옳다고 확신하며 걸어갑니다.

一念(일념): 한 생각 / **錯**(착): 어긋남 / **步步**(보보): 한 걸음 한 걸음

75 비움이 이끄는 삶의 여유

居無勝有 處缺勝完
거 무 승 유 처 결 승 완

가득 채워진 것보다 비움이 낫고, 완벽한 것보다 결핍이 더 깊다.

가득 채운 삶보다, 조금 비워둔 삶이 더 오래갑니다.
모자람 속에는 새로 채울 여지가 있고,
빈자리 속에는 평안이 머뭅니다.
모든 걸 갖추려 애쓰기보다,
조금 부족해도 흐트러지지 않는 마음이 진짜 행복을 만듭니다.

居無(거무): 없음(결핍) 상태 / **勝有**(승유): 있음보다 낫다 / **處缺**(처결): 부족함이 있는 상태 / **勝完**(승완): 완전함보다 낫다

 ## 뜨거움이 지나면, 평온이 피어난다

烈出閒穩 福歸寬厚
열 출 한 온 복 귀 관 후

격렬함은 평온함으로 나아가야 하고, 복은 너그러움으로 돌아온다.

조급하고 아등바등하면 시야가 좁아집니다.
무언가를 이루고 싶다면 나무가 아닌 산을 봐야합니다.
속도를 늦추라는 의미가 아닙니다.
조급함은 눈앞의 작은 성과에만 집착해서
거대한 목표를 향한 여정에서 길을 잃게 만듭니다.
서두르는 자는 순간의 성과에 도취되어 길을 잃기 쉽지만,
고요한 자는 자신이 걷는 길이
전체 그림에서 어떤 의미를 가지는지 이해합니다.

烈出(열출): 강렬하게 나타나다 / **閒穩**(한온): 여유와 안정 / **福歸**(복귀): 복이 돌아오다 / **寬厚**(관후): 마음이 너그럽다

# 77 한 발 물러서는 순간의 지혜

讓一步 卽進步
양 일 보 즉 진 보

세상을 살아갈 때 한 걸음 양보하는 것이 도리어 높은 경지이고, 물러남은 곧 전진의 기초가 된다.

가장 강한 사람은 이기려고 덤비는 사람이 아니라,
질 줄 아는 사람입니다.
실력 있는 사람만이 굳이 증명하려 들지 않거든요.
한 발 물러서는 순간 전체가 보이고, 상대방도 마음을 열게 됩니다.
물이 바위를 이기는 것처럼, 부드러움이 강함을 압도해요.
당장은 손해 본 것 같지만, 결국 더 큰 것을 얻게 됩니다.
진정한 승리는 모두가 이기는 길을 찾는 것입니다.

讓一步(양일보): 한 발 물러서다, 양보하다 / **卽**(즉): 곧, 바로, ~이 곧 ~이다 / **進步**(진보): 전진, 발전, 나아감

 욕심을 비우고, 내 속도로 걷다

夢金覺空 聞言非時
몽 금 각 공 한 언 비 시

꿈같이 헛된 재물에 마음을 뺏기지 말고, 쓸데없는 말은 때를 가려야 한다.

밤새 황금을 움켜쥐는 꿈을 꾸었더라도,
아침에 눈을 뜨면 손안에는 아무것도 남아있지 않습니다.
하지만 꿈에서 깨어나 빈손임을 인정하는 순간
헛된 집착으로부터 자유로워질 수 있습니다.
마음을 무겁게 짓누르는 걱정과 불안했던 미래가
꿈속의 황금처럼 실체가 없을지도 모릅니다.
그러니 숨을 고르고, 실체 없는 것에 마음 주지 말고
나만의 속도로 걸어봅니다.

夢金(몽금): 꿈속의 금 / **覺空**(각공): 허공을 깨닫다 / **聞言**(한언): 쓸데없는 말 / **非時**(비시): 적절하지 않은 시기

79 탐욕이 지혜를 삼킬 때

利令智昏 欲使心盲
이 령 지 혼 욕 사 심 맹

이익은 지혜를 흐리게 만들고, 욕망은 마음의 눈을 멀게 한다.

돈과 이익 앞에서는
평소 현명했던 사람도 판단력을 잃곤 합니다.
더 많이 벌고 싶은 욕심에 위험한 투자를 하거나,
부정한 방법을 선택하기도 하죠.
욕망이 커질수록 옳고 그름을 분별하는 능력은 흐려집니다.
눈앞의 이익에만 집중하다 보면 장기적 손실이나 도덕적 문제를
놓치게 되죠.
진정한 지혜는 욕망을 절제하고 이익보다 원칙을 우선하는 데서 나옵니다.

利(이): 이익 / **令**(령): ~하게 하다 / **智昏**(지혼): 지혜를 흐리게 하다 / **欲**(욕): 욕망 / **使**(사): ~하게 만들다 / **心盲**(심맹): 마음이 눈먼 상태

 ## 마음이 고요할 때 비로소 보이는 것들

風恬浪靜 見人生眞境
풍 첨 낭 정 견 인 생 진 경

바람이 잠잠하고, 물결이 고요할 때, 비로소 인생의 참된 모습을 본다.

인생의 진리를 발견하는 것은
더 높이 오르거나 더 많이 가지는 외적인 노력이 아니라,
고요함 속으로 침잠하여 내면의 파도를 잠재우는 데 있습니다.
바람이 잠잠해지고, 물결이 고요해질 때는 모든 것이 명료해집니다.
마음의 파도가 잦아들면, 내가 누구인지 선명하게 알 수 있습니다.
시끄러울 때는 허상만 쫓게 되지만,
고요해질 때는 마음이 힘을 깨닫게 됩니다.

風恬(풍첨): 바람이 편안하다 / **浪靜**(낭정): 물결이 고요하다 / **見人生**(견인생): 사람의 삶을 보다 /
眞境(진경): 참된 상태

81 상황에 맞게 마음을 다스리는 지혜

虛時提醒 緊時放下
허 시 제 성 긴 시 방 하

한가할 때 마음을 일깨우고, 바쁠 때 마음을 내려놓아라.

마음은 끊임없이 두 극단 사이를 오갑니다.
한가하면 현기증을 느끼고,
조급할 때는 모든 것을 통제하려고 합니다.
하지만 늘 긴장만 하면 끊어지고, 늘 느슨하기만 하면 흐트러져요.
나를 다그치지 말고, 나를 방치하지도 말고,
그저 지금 필요한 게 무엇인지 물어보세요.
그 답은 이미 우리 안에 있어요.

虛時(허시): 한가한 시기 / **提醒**(제성): 상기시키다 / **緊時**(긴시): 긴박한 시기 / **放下**(방하): 내려놓다

82 자유와 책임은 동전의 양면이다

識眞破幻 脫縛任重
식 진 파 환   탈 박 임 중

참됨을 알고 헛됨을 깨뜨리면, 세상의 얽매임에서 자유로워져서 진정한 책임을 질 수 있다.

책임에서 벗어나는 것을 자유라 착각하지만
진정한 자유는 도피가 아닙니다.
모든 것이 헛되다는 깨달음은 허무로 이끄는 것이 아니라,
오히려 더 큰 책임을 질 수 있는 힘이 됩니다.
참됨을 알면 속박이 사라지고,
속박에서 벗어나면 비로소 진정한 무게를 감당할 수 있어요.
자유와 책임은 대립하는 것처럼 보이지만,
실은 동전 양면처럼 한 쌍입니다.

識眞(식진): 참된 것을 인식하다 / **破幻**(파환): 환상을 깨트리다 / **脫縛**(탈박): 속박에서 벗어나다 /
任重(임중): 책임이 중요하다

83 소란 속의 고요, 내면으로의 귀환

鳩鳴雲中 蟬聽靜坤
구 명 운 중   선 청 정 곤

대나무 아래서 비둘기 울음을 듣고, 창가에서 매미 소리를 들으며 고요한 우주의 섭리를 깨닫는다.

우리는 소란한 구름 속에서 비둘기처럼 울고 있지만,
본질은 고요한 땅에 뿌리를 두고 있습니다.
삶의 고통과 번뇌 속에서도 평온을 찾으려고 한다면,
소음에 휩쓸리지 않고 '내면의 자아'가 내는 참된 소리를 들을 수 있습니다.
모든 소란의 끝이 침묵인 까닭은
침묵이야 말로 내부로의 귀환이기 때문입니다.
소란 속의 침묵은 새로운 시작을 준비하는 깊은 정지입니다.

鳩鳴(구명): 비둘기가 운다 / **雲中**(운중): 구름 속 / **蟬聽**(선청): 매미 울음을 듣다 / **靜坤**(정곤): 평온한 우주

# 구분을 내려놓으면 삶이 온전해진다

順逆一視 欣戚兩忘
순 역 일 시 흔 척 양 망

순경과 역경을 똑같이 보고, 기쁨과 슬픔을 모두 잊는다.

삶은 본래 이중적입니다.
기쁨만을 취하고 슬픔은 거부하려 하지만, 둘은 분리될 수 없어요.
순경 속에 역경의 씨앗이 있고,
역경 속에 순경의 가능성이 숨어 있습니다.
모든 것은 끊임없이 변화하며, 고정된 것은 없습니다.
기쁠 때 들뜨지 않고, 슬플 때 무너지지 않는 것은 무감각이 아니라,
감정의 파도 아래 흔들리지 않는 고요한 바닥에 머무는 것입니다.

順逆(순역): 순조로움과 거스름 / **一視**(일시): 하나로 보다 / **欣戚**(흔척): 기쁨과 슬픔 / **兩忘**(양망): 두 가지를 모두 잊다

# 85 보는 것을 넘어, 본질을 탐구하는 눈

俗眼多異 道眼皆常
속 안 다 이   도 안 개 상

속된 눈엔 다 다르나, 도의 눈엔 모두 한결같다.

겉모습에 얽매여 좋고 나쁨을 나누기보다,
겉으로 드러난 모습 너머의 본질을 보려는 의지와 노력이 중요합니다.
이를 위해선 편견을 내려놓고
다양한 관점을 받아들이려는 개방적인 태도,
사물의 이치를 깊이 탐구하는 성찰의 습관이 필요합니다.
단순히 보는 것을 넘어,
깊이 생각하고 이해하려는 마음가짐이 핵심입니다.

俗眼(속안): 세속의 눈, 평범한 관점 / **多異**(다이): 서로 달라 보인다 / **道眼**(도안): 도(道)의 눈, 지혜의 관점 / **皆常**(개상): 모두 한결같고 본래 그러하다

 ## 86 살기 위해 애쓸수록, 삶은 멀어진다

知必敗 求不堅 生必死 不保生
지 필 패　구 불 견　생 필 사　불 보 생

지식에 집착하면 결국 패하고, 굳지 않음을 구해야 하며,
삶에 집착하면 죽음을 부르니, 생을 지키려 애쓰지 마라.

우리는 알고 있습니다.
언젠가 실패하고, 언젠가 떠날 것을.
그래서 더 애쓰고, 붙잡으려 하지만
역설적이게도, 끝을 받아들일 때 비로소 마음이 고요해집니다.
잃음을 두려워하기보다 지금 이 순간을 담담히 바라볼 때
삶은 오히려 더 단단해집니다.

知必敗(지필패): 지식(앎)은 반드시 패한다 / 求不堅(구불견): 지나치게 강하지 않기를 구한다 / 生必死(생필사): 삶은 반드시 죽음으로 이어진다 / 不保生(불보생): 삶을 보존하려 하지 않는다

 ## 진리는 복잡한 옷을 입지 않는다

言語須憑誠實 行事務存忠厚
언 어 수 빙 성 실   행 사 무 존 충 후

말은 정직하게 해야 한다. 일을 처리할 때는 정직과 성실을 갖추어야 한다.

진실한 한 마디가 화려한 백 마디보다 강력해요.
거짓말은 순간을 속이지만, 진실은 평생을 지켜줍니다.
행동할 때는 계산보다 마음을 먼저 생각해야 해요.
냉정한 판단도 중요하지만,
따뜻한 마음이 없으면 그 판단은 차가운 칼날이 되죠.
진실한 말과 따뜻한 행동, 이 두 가지가 사람의 진짜 품격입니다.

言語(언어): 말 / **須**(수): 반드시 ~해야 한다 / **憑誠實**(빙성실): 진실함에 의거함 / **行事**(행사): 일을 함 / **存忠厚**(존충후): 성실하고 인정 있게 함

88 책을 통해 내면을 본다

學問歸一 無貪功名 深心讀書
학 문 귀 일   무 탐 공 명   심 심 독 서

학문은 하나로 귀결되며, 공명과 명예를 탐하지 않고,
마음을 깊이 담아 공부한다.

책을 읽는다는 것은 정보를 채우는 행위가 아니라,
내면의 우물을 깊게 파는 일입니다.
남들이 보지 못하는 곳에서, 스스로를 향한 이해가 조금씩 맑아집니다.
얕고 빠른 길은 세상 어디에나 있지만, 깊고 단단한 길은 내 안에 있습니다.
남들에게 보이기 위한 지식은 금방 잊히지만,
나를 바꾸는 깨달음은 영원히 남습니다.

學問(학문): 배움, 지식 / **歸一**(귀일): 본질로 돌아감 / **無貪**(무탐): 탐하지 않는다 / **功名**(공명): 공적과 명예 / **深心**(심심): 깊은 마음으로, 진지하게 / **讀書**(독서): 책을 읽다, 공부하다

에필로그

나를 지키는 방법, 채근담 필사가 시작입니다

채근담으로부터 받은 큰 은혜를 조금이나마 갚고 싶은 마음으로 이 책을 집필했습니다. 채근담의 저자 홍자성은 자신의 깨달음을 글로 표현하고 후세에 남겼습니다. 홍자성이라는 이름과 채근담이라는 책은 인류 역사와 함께 영원히 남을 것입니다. 자신은 불우한 인생을 살았을지언정 깨달음은 주옥같았고, 그 깨달음을 글로 보존하여 후세에 전달합니다. 가혹한 운명 앞에서도 꺾이지 않는 기개를 느낄 수 있었습니다.

홍자성은 인간이 비록 궁핍하더라도 마음은 여유로울 수 있다는 것을 증명한 사람입니다. 그의 문장은 그 어떤 문장보다 비옥합니다. 이 비옥함이 불멸의 고전으로 남아 지혜와 식견, 균형감각을 지닌 수많은 또 다른 홍자성을 재탄생시킬 것입니다.

운영하고 있는 커뮤니티에서 10년간 단체 필사를 진행해왔습니다. 채근담은 두 차례나 필사 도서로 선정되었는데, 특히 부모님들이 자녀에게 꼭 권하고 싶은 책으로 입을 모았습니다. 직접 필사하며 얻은 깨달음과 위로를 자녀에게도 물려주고 싶다는 진심이 담긴 이야기였습니다.

조급함과 불안, 우울함에 시달릴 수밖에 없는 환경이라 할지라도, 일이 뜻대로 풀려나가지 않더라도, 그럼에도 불구하고 우리에게는 지킬 수 있는 것이 있습니다. 바로 마음입니다. 외부 상황은 통제할 수 없어도, 그것을 어떻게 받아들일지는 선택할 수 있습니다. "세상이 혼탁해도 내 마음만은 맑게 지켜라", "뜻대로 되지 않을 때 오히려 더 단단해질 수 있다"고 말입니다.

현실이 아무리 힘들어도, 그 속에서 중심을 잃지 않는 사람은 결국 흔들리지 않습니다. 성공과 실패, 득과 실에 일희일비하지 않고, 고요한 마음으로 자신의 길을 묵묵히 걸어갑니다.

필사는 내면의 힘을 키우는 훈련입니다. 한 글자 한 글자 정성껏 쓰는 동안, 흔들렸던 마음이 차분해지고 혼란스러웠던 생각이 정리됩니다. 환경은 바꿀 수 없어도, 나를 지키는 방법은 배울 수 있습니다. 채근담 필사가 그 시작이 될 것입니다.

손끝으로 마음을 다스린 시간,
고요히 완성하신 필사를 축하드립니다.
오늘의 평온이 오래도록 당신 안에
머물기를 바랍니다.